Granaatappel Paradijs

Een heerlijke verzameling recepten met de krachtige granaatappel. Ontdek de veelzijdigheid van dit superfood met meer dan 100 zoete en hartige gerechten om uw smaakpapillen tevreden te stellen

Tara Boer

Auteursrechtmateriaal ©2023

Alle rechten voorbehouden

Geen enkel deel van dit boek mag in welke vorm of op welke manier dan ook worden gebruikt of overgedragen zonder de juiste schriftelijke toestemming van de uitgever en eigenaar van het auteursrecht, met uitzondering van korte citaten die in een recensie worden gebruikt. Dit boek mag niet worden beschouwd als vervanging voor medisch, juridisch of ander professioneel advies.

INHOUDSOPGAVE

INHOUDSOPGAVE 3
INVOERING 7
ONTBIJT 8

1. Flower Power Braziliaanse Açaí Bowl 9
2. Granaatappelhavermout 11
3. Granaatappel-amandeltoast 13
4. Granaatappel-bananenpannenkoekjes 15
5. Bosbessengranaatappelontbijtparfait 17
6. Roodfluwelen havermout 19
7. Amarant-quinoapap 21
8. Tabbouleh-ontbijtschalen met granaatappel en Freekeh 23
9. Maple-Masala Winter Squash-ontbijtkommen 25

VOORGERECHTEN 27

10. Avocado en granaatappel Nigiri 28
11. Kikkererwtenblini's met mosterdmicro's 30
12. Granaatappelchaat 33
13. Granaatappel Pecannoot Voorgerecht 35
14. Gevulde uien 37
15. Vis- en kappertjeskebab met gebrande aubergine en citroenaugurk 40

HOOFDGERECHT 43

16. Lamsvlees met granaatappel- en koriander-muntsaus 44
17. Gierst, rijst en granaatappel 46
18. Mason jar biet, granaatappel en spruitjes 48
19. Zalm met granaatappel en quinoa 51
20. Zoete aardappel en broccoli met granaatappeldressing 54
21. Tofu met pistache-granaatappelsaus 56
22. Granaatappelchaat 58
23. Melasse geglazuurde eendenborst 60

24. Feestelijke hele eend 62
25. Schotse filetsteaks met gedroogde oregano 65
26. Gebakken bloemkool met tahini 68
27. Verbrande aubergine met granaatappelpitjes 71
28. Tabouleh 74
29. Tarwebessen en snijbiet met granaatappelmelasse 77
30. Met lamsvlees gevulde kweepeer met granaatappel en koriander 79
31. Sfiha of Lahm Bi'ajeen 82

ZIJDEN 85

32. Geroosterde spruitjes met granaatappel 86
33. Artisjokken van Jeruzalem met granaatappel 88
34. Komkommer- en granaatappelsalsa 91
35. Granaatappelgeroosterde wortelen 93
36. Gegrilde bloemkoolwiggen 95
37. Kamut met wortelen en granaatappel 97

SALADES 99

38. Bitterzoete granaatappelsalade 100
39. Salade van Brussel, Bulgur en Granaatappel 102
40. Kool- en granaatappelsalade 104
41. Wortel- en granaatappelsalade 106
42. Peterselie-komkommersalade met feta 108
43. Spruitjessalade 110
44. Salade met mozzarella, granaatappel en pompoen 113
45. Pompoen- en granaatappelsalade 115
46. Ricotta met boerenkool, granaatappel en kastanjes 118
47. Salade met andijvie en sinaasappel 120
48. Salade van geroosterde bloemkool en hazelnoot 122
49. Pittige salade van bieten, prei en walnoten 124
50. Mason jar bieten- en spruitjesgraankommen 127

51. Thaise chili-broccolisalade 130

52. Krokante linzen- en kruidensalade 132

53. Granaatappel-fetasalade 134

SOEP EN STOOFSCHOTEN 136

54. Bloemkoolsoep met granaatappel 137

55. Stoofpot van kip, walnoot en granaatappel 140

56. Perzische granaatappelsoep 143

57. Granaatappelsoep met kruidnagel 146

58. Lamsvlees gekookt in granaatappel 148

59. Perzische granaatappelsoep 151

60. Verbrande aubergine-mograbiehsoep 153

61. Bloemkoolcurry uit de slowcooker 156

62. Sterfruit in mango-sinaasappelsaus 158

SPECERIJEN 160

63. Hummus met pompoen en granaatappel 161

64. Hummus met lamsgehakt 163

65. Mohammed 165

66. Granaatappelmelasse 167

67. Granaatappelsalsa 169

68. Granaatappelbarbecuesaus 171

69. Granaatappelglazuur 173

70. Granaatappelmosterd 175

71. Granaatappelvinaigrette 177

72. Granaatappeljam 179

73. Granaatappel Saffraan Aioli 181

74. Granaatappel Tzatziki 183

75. Granaatappelchutney 185

NAGERECHT 187

76. Granaatappelpuree met pistachebiscotti 188

77. Rozenmeringue met granaatappelpitjes 191
78. Griekse yoghurt met granaatappel en kaneel 193
79. Dadel- en pecannotenbrood met granaatappelmelasse 195
80. Granaatappel-sinaasappelmuffins 198
81. Granaatappel-gembersorbet 201
82. Sinaasappel-granaatappelcheesecake 203
83. Granaatappelcrèmetaart 205
84. Granaatappelappelschoenmaker 208
85. Granaatappel panna cotta 211
86. Pompoentaart-cheesecake-kommen 213
87. Granaatappel Sinaasappel Panna Cotta 216
88. Citruscompote met grapefruitgranita 218

DRANKJES 220

89. Granaatappel Kombucha 221
90. Citroengranaatappellikeur 224
91. Komkommer Granaatappelreiniger 226
92. Pombessenwater 228
93. Ombré-granaatappelelixer 230
94. Granaatappelsangria 232
95. Granaatappel-watermeloensap 234
96. Zacht zomersap 236
97. Druiven-granaatappelsap 238
98. Caloriearme cactussmoothie 240
99. Granaatappel Boba met limoengelei 242
100. Antioxidant acaibes-smoothie 244

CONCLUSIE 246

INVOERING

Granaatappels zijn een superfood boordevol antioxidanten, vitamines en mineralen en worden al eeuwenlang in verschillende culturen gebruikt vanwege hun gezondheidsvoordelen. Maar wist je dat deze vrucht ook ontzettend veelzijdig is in de keuken? Van zoet tot hartig, de sappige zaadjes en het pittige sap van granaatappels kunnen een vleugje smaak en voeding aan elk gerecht toevoegen.

Dit kookboek bevat meer dan 100 recepten die de unieke smaak en voedingswaarde van granaatappels laten zien, van verfrissende salades en smoothies tot heerlijke desserts en cocktails. Ontdek nieuwe manieren om granaatappelmelasse, sap, zaadjes en zaden te gebruiken bij het koken, en leer over de geschiedenis en gezondheidsvoordelen van deze vrucht.

Of je nu een granaatappelliefhebber bent of gewoon meer plantaardig voedsel in je dieet wilt opnemen, dit kookboek zal je inspireren om creatief aan de slag te gaan in de keuken en de vele smaken en voordelen van deze opmerkelijke vrucht te ontdekken. Maak je klaar om wat "pop" aan je maaltijden toe te voegen met de heerlijke recepten in dit Granaatappelkookboek.

ONTBIJT

1. <u>Flower Power Braziliaanse Açaí Bowl</u>

Maakt: 1

INGREDIËNTEN
VOOR DE AÇAÍ
- 200 g bevroren açaí
- ½ banaan, bevroren
- 100 ml kokoswater of amandelmelk

TOPPINGEN
- Muesli
- Eetbare bloemen
- ½ banaan, gehakt
- ½ eetlepel rauwe honing
- Granaatappelzaadjes
- Geraspte kokosnoot
- Pistachenoten

INSTRUCTIES:
a) Voeg eenvoudig uw açaí en banaan toe aan een keukenmachine of blender en mix tot een gladde massa.

b) Afhankelijk van hoe krachtig uw machine is, moet u mogelijk een beetje vloeistof toevoegen om het romig te maken. Begin met 100 ml en voeg indien nodig meer toe.

c) Giet het in een kom, voeg je toppings toe en geniet ervan!

2. Granaatappel Havermout

Maakt: 2

INGREDIËNTEN
- 1 kopje gewone haver
- 2 kopjes amandelmelk
- ¼ theelepel vanille-extract
- 6 eetlepels granaatappelpitjes
- ¼ theelepel gemalen kaneel
- Ahornsiroop erover sprenkelen

INSTRUCTIES:
a) Breng de amandelmelk op een laag kookpunt.
b) Voeg de haver toe, roer en zet het vuur laag tot middelmatig.
c) Kook gedurende 5 tot 10 minuten.
d) Roer de vanille en kaneel erdoor.
e) Serveer in 2 kommen.
f) Werk af met de granaatappelarieljes en een scheutje ahornsiroop.

3. Granaatappel-amandeltoast

Maakt: 2

INGREDIËNTEN
- 2 eetlepels amandelboter
- 2 sneetjes volkorenbrood, geroosterd
- 3 eetlepels granaatappelpitjes
- 2 theelepels geroosterde, licht gezouten pompoenpitten
- 1 theelepel pure ahornsiroop

INSTRUCTIES:
a) Verdeel 1 eetlepel amandelboter op elk stuk toast.

b) Bestrijk gelijkmatig met granaatappelpitjes en pepitas. Besprenkel eventueel met siroop.

4. Granaatappel Bananenpannenkoekjes

Maakt: 2 porties

INGREDIËNTEN
- 100 g haver
- 100 g granaatappelpitjes
- 1 rijpe banaan
- 1 heel ei
- ½ theelepel bakpoeder
- Snufje zout
- Streepje vanille-extract
- Voor het koken van kokosolie

INSTRUCTIES:

a) Om het pannenkoekbeslag te maken, combineer alle ingrediënten behalve de granaatappelpitjes en kokosolie in je Ninja-blender en mix tot een glad beslag.

b) Verhit een beetje kokosolie in een koekenpan met antiaanbaklaag en breng op middelhoog vuur.

c) Giet een beetje van het mengsel erbij, bestrooi met een paar granaatappelpitjes en kook tot er belletjes op het oppervlak verschijnen. Herhaal dit voor het resterende mengsel.

d) Stapel je pannenkoeken op elkaar en voeg al je favoriete toppings toe.

5. Bosbessen Granaatappel Ontbijtparfait

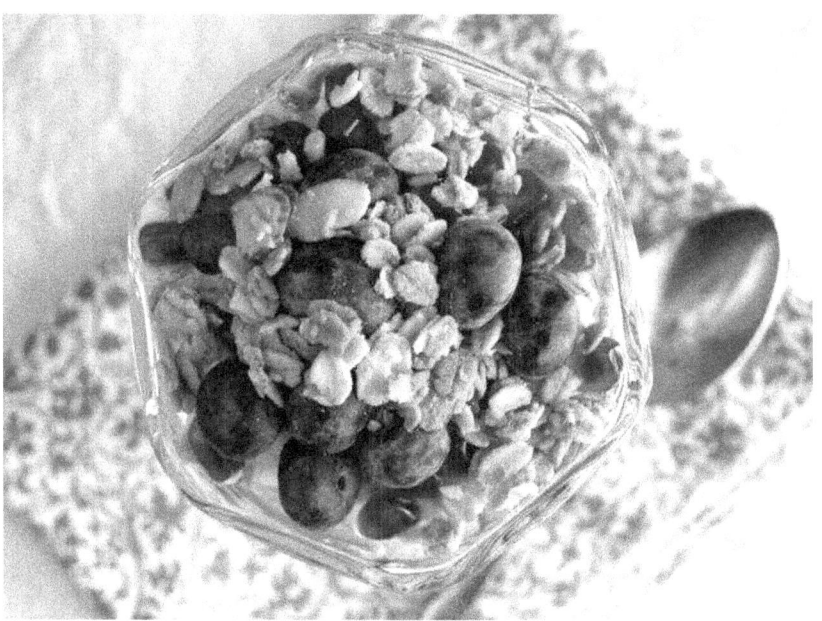

Maakt: 1

INGREDIËNTEN
- Naturel vetvrije Griekse yoghurt
- Honing
- Bosbessen
- Granaatappelzaadjes
- Muesli

INSTRUCTIES:

a) Sprenkel een klein beetje honing in het kopje of de kom waarin je de parfaits gaat serveren, als je wilt dat het aan de buitenkant zichtbaar is.

b) Voeg een lepel yoghurt toe en garneer met een paar bosbessen, granaatappelpitjes en een lepel granola.

c) Voeg nog een lepel yoghurt toe, bedek met nog een scheutje honing en leg er nog meer bosbessen, granaatappelpitjes en muesli op. U kunt zo vaak als nodig een laag aanbrengen om uw serveerschaal te vullen.

d) Serveer onmiddellijk of bewaar koud tot het klaar is om te eten.

6. Rode fluwelen havermout

Maakt: 6

INGREDIËNTEN
- 1 ½ kopjes gerolde haver
- 1 kopje karnemelk
- 2 ½ kopjes melk
- 2 eetlepels suiker
- 1 ½ Eetlepels cacaopoeder
- ¼ theelepel zout
- 2 tot 3 druppels rode kleurstof
- 1 theelepel vanille-extract

TOPPINGEN
- Granaatappelpitjes
- Chocolade stukjes
- Fruit naar keuze
- noten

INSTRUCTIES
a) Voeg melk, suiker, zout, vanille-extract en cacaopoeder toe aan de pan
b) Meng en zet het vuur op medium.
c) Voeg de haver toe aan het melk-cacaomengsel.
d) Voeg de voedselkleur toe en kook op medium tot het volledig gaar is.
e) Het duurt ongeveer 6 minuten voordat het volledig gaar is. Roer voortdurend om verbranding te voorkomen.
f) Serveer met meer melk en toppings naar keuze.

7. Amarant quinoa pap

Maakt 1

INGREDIËNTEN
- 85 gram quinoa
- 70 g amarant.
- 460 ml water
- 115 ml ongezoete sojamelk
- 1/2 theelepel vanillepasta
- 15 g amandelboter
- 30 ml pure ahornsiroop
- 10 g rauwe pompoenpitten
- 10 g granaatappelpitjes

INSTRUCTIES

a) Meng de quinoa, amarant en water in een mengkom.

b) Breng op middelhoog vuur aan de kook.

c) Zet het vuur laag en kook de granen gedurende 20 minuten, onder regelmatig roeren. Voeg de melk en ahornsiroop toe.

d) Kook 6-7 minuten op laag vuur. Haal van het vuur en meng de amandelboter en het vanille-extract erdoor.

e) Garneer met granaatappelpitjes en pompoenpitten.

8. Granaatappel en Freekeh Ontbijt Tabbouleh Kommen

Serveert 4

- ¾ kopje (125 g) gekraakte freekeh
- 2 kopjes (470 ml) water
- Fijn zeezout en versgemalen zwarte peper
- 1 knapperige appel, klokhuis verwijderd en in blokjes gesneden, verdeeld
- 1 kopje (120 g) granaatappelpitjes
- ½ kopje (24 g) gehakte verse munt
- 1 eetlepel (15 ml) extra vergine olijfolie
- 1½ eetlepel (23 ml) oranjebloesemwater
- 2 kopjes (480 g) gewone Griekse yoghurt
- Geroosterde ongezouten amandelen, gehakt

1   Combineer de freekeh, het water en een snufje zout in een middelgrote pan. Breng aan de kook, zet het vuur laag en laat 15 minuten sudderen, af en toe roerend, tot al het vocht is opgenomen en de freekeh gaar is. Haal van het vuur, dek af met een deksel en stoom ongeveer 5 minuten. Doe de freekeh in een kom en laat volledig afkoelen.

2   Voeg de helft van de appel en de granaatappel, munt, olijfolie en een paar pepers toe aan de freekeh en roer goed om te combineren.

3   Roer het oranjebloesemwater door de yoghurt tot alles goed gemengd is.

4   Om te serveren, verdeel de freekeh tussen kommen. Werk af met de sinaasappelgeurende yoghurt, de resterende appel en de amandelen.

9. Maple-Masala Winterpompoen Ontbijtkommen

Serveert 4
- 2 middelgrote eikelpompoenen
- 4 theelepels (20 g) kokosolie
- 1 eetlepel (15 ml) ahornsiroop of bruine suiker
- 1 theelepel (2 g) garam masala
- Fijn zeezout
- 2 kopjes (480 g) gewone Griekse yoghurt
- Muesli
- Goji bessen
- Granaatappelpitjes
- Gehakte pecannoten
- Geroosterde pompoenpitten
- Noten boter
- Hennep zaden

1 Verwarm de oven voor op 190°C (375°F, of gasstand 5).
2 Snijd de pompoen doormiddenvan stam tot onderkant. Schep de zaden eruit en gooi ze weg. Bestrijk het vruchtvlees van elke helft met olie en ahornsiroop en bestrooi met garam masala en een snufje zeezout. Leg de pompoen op een omrande bakplaat met de snijzijde naar beneden. Bak tot ze zacht zijn, 35 tot 40 minuten.
3 Draai de pompoen om en laat iets afkoelen.
4 Vul elke pompoenhelft met yoghurt en granola om te serveren. Bestrooi met gojibessen, granaatappelpitjes, pecannoten en pompoenpitten, besprenkel met notenboter en bestrooi met hennepzaad

VOORGERECHTEN

10. Avocado en Granaatappel Nigiri

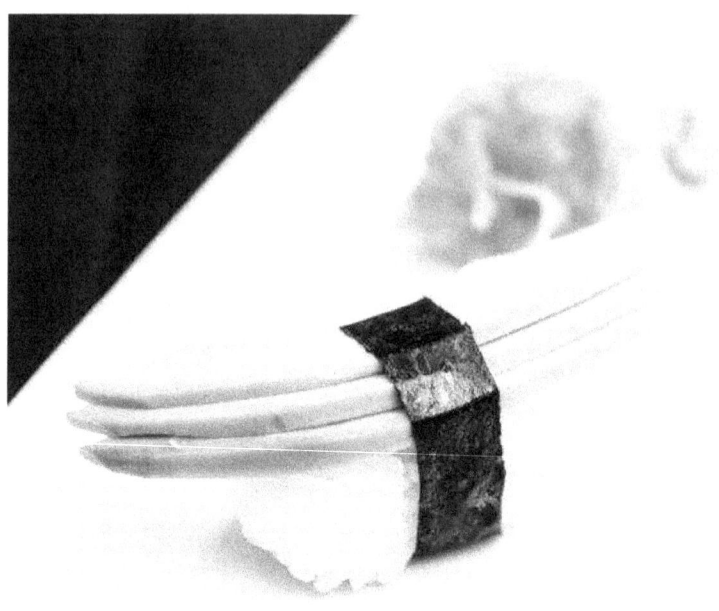

Maakt: 7 porties

INGREDIËNTEN
- 1½ kopjes Traditionele Sushirijst
- 1 eetlepel granaatappelmelasse
- 1 theelepel Ponzu-saus
- ½ avocado, in 16 dunne plakjes gesneden
- 1 vel nori
- 2 theelepels granaatappelpitjes

INSTRUCTIES:

a) Roer de granaatappelmelasse en de ponzusaus door elkaar in een kom.

b) Dompel uw vingertoppen in water en spat wat in uw handpalmen.

c) Knijp een balletje sushirijst ter grootte van een walnoot, ongeveer 2 eetlepels, in je hand tot een mooi rechthoekig rijstbed.

d) Knip 8 stroken kruislings uit het norivel.

e) Reserveer de resterende nori voor ander gebruik. Beleg elk rijstbedje met 2 plakjes avocado.

f) Zet ze vast met een noristrook.

g) Om te serveren, schikt u de stukken op een serveerschaal.

h) Schep wat van het granaatappelmengsel over elk stuk en bestrooi met een paar granaatappelpitjes.

11. Kikkererwtenblini's met mosterdmicro's

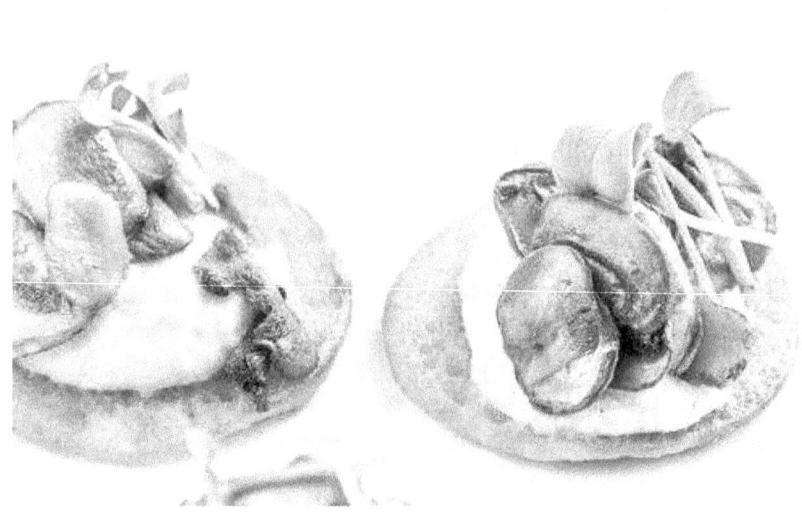

Maakt: 2

INGREDIËNTEN
BLINIS
- 1 kopje kikkererwtenmeel
- 1 ei
- ½ kopje water
- 1 eetlepel olijfolie
- 1 theelepel zout
- 2 groene uien, gehakt

AVOCADO ROOMKAAS
- 2 eetlepels vetvrije roomkaas
- ½ avocado
- 1 groene ui, gehakt
- 1 theelepel zout
- Sap van ½ limoen

TOPPINGEN
- 1 handvol mosterdgroen
- Avocado
- Zwitserse kaas
- Granaatappelzaadjes

INSTRUCTIES:

a) Om de blini's te maken, klop je 1 ei, ½ kopje water, gehakte groene uien en olijfolie in een mengkom.

b) Meng het kikkererwtenmeel, het zout en de peper in een aparte kom. Voeg het natte mengsel toe en klop tot het volledig gemengd is.

c) Giet 2 eetlepels van het mengsel in het midden van een koekenpan met antiaanbaklaag en verwarm op middelhoog vuur. Laat het mengsel minstens 5 minuten stollen tot pannenkoeken of blini's voordat u het omdraait.

d) Draai het om en laat nog 3 minuten koken tot het stevig is geworden en er kleine belletjes aan de bovenkant ontstaan.

e) Meng de ingrediënten voor de avocado-roomkaas in een mengkom.

f) Verdeel voor het serveren avocado-roomkaas over 1 blini en garneer met mosterdmicrogroenten en granaatappelpitjes.

12. Granaatappel Chaat

Maakt: 3 kopjes

INGREDIËNTEN
- 2 granaatappels, zaden verwijderd
- 1 theelepel zwart zout

INSTRUCTIES:
a) Meng alles.
b) Genieten.

13. Granaatappel Pecan Voorgerecht

Maakt: 6

INGREDIËNTEN

- 8 ons zachte roomkaas
- ½ kopje granaatappelpitjes
- ½ kopje geroosterde en gehakte pecannoten
- 1 eetlepel gehakte verse rozemarijn
- ¼ kopje honing

INSTRUCTIES

a) Voeg zachte roomkaas toe aan een serveerschaal.

b) Bestrooi met granaatappelpitjes, pecannoten en verse rozemarijn.

c) Besprenkel met honing.

d) Serveer met crackers, geroosterde plakjes stokbrood of appelschijfjes.

14. Gevulde uien

Maakt: ONGEVEER 16 GEVULDE UIEN

INGREDIËNTEN
- 4 grote uien (2 lb / 900 g in totaal, gepeld gewicht) ongeveer 1⅔ kopjes / 400 ml groentebouillon
- 1½ eetlepel granaatappelmelasse
- zout en versgemalen zwarte peper
- VULLING
- 1½ el olijfolie
- 1 kopje / 150 g fijngehakte sjalotjes
- ½ kopje / 100 g kortkorrelige rijst
- ¼ kopje / 35 g pijnboompitten, gemalen
- 2 eetlepels gehakte verse munt
- 2 eetlepels gehakte platte peterselie
- 2 theelepel gedroogde munt
- 1 theelepel gemalen komijn
- ⅛ theelepel gemalen kruidnagel
- ¼ theelepel gemalen piment
- ¾ theelepel zout
- ½ theelepel versgemalen zwarte peper
- 4 citroenpartjes (optioneel)

INSTRUCTIES

a) Schil de toppen en staarten van de uien en snijd ze ongeveer 0,5 cm af, doe de bijgesneden uien in een grote pan met veel water, breng aan de kook en kook gedurende 15 minuten. Giet af en zet opzij om af te koelen.

b) Om de vulling te bereiden, verwarm de olijfolie in een middelgrote koekenpan op middelhoog vuur en voeg de sjalotjes toe. Bak gedurende 8 minuten, vaak roerend, en voeg dan alle overige ingrediënten toe, behalve de partjes citroen. Zet het vuur laag en blijf koken en roeren gedurende 10 minuten.

c) Maak met een klein mes een lange snede vanaf de bovenkant van de ui tot aan de onderkant, helemaal tot aan het midden, zodat elke laag ui slechts één spleet heeft. Begin voorzichtig met het scheiden van de uienlagen, de een na de ander, totdat je de kern bereikt. Maak je geen zorgen als sommige lagen een beetje door het loslaten scheuren; je kunt ze nog steeds gebruiken.

d) Houd een laag ui in één komvormige hand en schep ongeveer 1 eetlepel van het rijstmengsel in de helft van de ui, plaats de vulling dichtbij het ene uiteinde van de opening. Laat je niet verleiden om hem nog meer te vullen, want hij moet mooi en knus ingepakt worden. Vouw de lege kant van de ui over de gevulde kant en rol hem strak op zodat de rijst bedekt is met een paar laagjes ui zonder lucht in het midden. Plaats het in een middelgrote koekenpan met een deksel, met de naad naar beneden, en ga verder met het resterende uien-rijstmengsel. Leg de uien naast elkaar in de pan, zodat er geen bewegingsruimte is. Vul eventuele ruimtes op met delen van de ui die niet zijn gevuld. Voeg voldoende bouillon toe zodat de uien voor driekwart onderstaan, samen met de granaatappelmelasse, en breng op smaak met ¼ theelepel zout.

e) Dek de pan af en kook op de laagst mogelijke manier gedurende 1½ tot 2 uur, totdat de vloeistof is verdampt. Serveer warm of op kamertemperatuur, eventueel met partjes citroen.

15. Vis- en kappertjeskebab met gebrande aubergine en citroenaugurk

Maakt: 12 KEBABS

INGREDIËNTEN
- 2 middelgrote aubergines (ongeveer 1⅔ lb / 750 g in totaal)
- 2 eetlepels Griekse yoghurt
- 1 teentje knoflook, geperst
- 2 eetlepels gehakte platte peterselie
- ongeveer 2 eetlepels zonnebloemolie, om te frituren
- 2 theelepelSnelle ingelegde citroenen
- zout en versgemalen zwarte peper
- VISKEBABS
- 400 g schelvisfilets of andere witte visfilets, zonder vel en zonder graatjes
- ½ kopje / 30 g vers broodkruimels
- ½ groot scharrelei, losgeklopt
- 2½ eetlepel / 20 g kappertjes, gehakt
- ⅔ oz / 20 g dille, gehakt
- 2 groene uien, fijngehakt
- geraspte schil van 1 citroen
- 1 eetl vers geperst citroensap
- ¾ theelepel gemalen komijn
- ½ theelepel gemalen kurkuma
- ½ theelepel zout
- ¼ theelepel gemalen witte peper

INSTRUCTIES
a) Begin met de aubergines. Verbrand, schil en laat het vruchtvlees van de aubergine uitlekken volgens de instructies in de handleidingGebrande aubergine met knoflook, citroen en granaatappelpitjesrecept. Zodra het goed is uitgelekt, snijdt u het vruchtvlees grof en doet u het in een mengkom. Voeg de yoghurt, knoflook, peterselie, 1 theelepel zout en veel zwarte peper toe. Opzij zetten.
b) Snijd de vis in zeer dunne plakjes, slechts ongeveer ⅙ inch / 2 mm dik. Snijd de plakjes in kleine dobbelsteentjes en doe ze in een middelgrote mengkom. Voeg de overige ingrediënten toe

en roer goed. Maak je handen vochtig en vorm het mengsel in 12 pasteitjes of vingers, elk ongeveer 1½ oz / 45 g. Schik op een bord, dek af met plasticfolie en laat minimaal 30 minuten in de koelkast staan.

c) Giet voldoende olie in een koekenpan zodat er een dun laagje op de bodem ontstaat en zet deze op middelhoog vuur. Kook de kebabs in batches gedurende 4 tot 6 minuten per batch, en draai tot ze aan alle kanten gekleurd en gaar zijn.

d) Serveer de kebabs terwijl ze nog warm zijn, 3 per portie, naast de verbrande aubergine en een kleine hoeveelheid ingemaakte citroen (pas op, de citroenen hebben de neiging om te domineren).

HOOFDGERECHT

16. Lamsvlees Met Granaatappel En Koriander-Muntsaus

Maakt: 6

INGREDIËNTEN
- 1½ theelepel koosjer zout
- ½ kopje granaatappelpitjes
- 3 lamsschenkels, getrimd
- 3 kopjes gesneden gele ui
- 1 teentje knoflook
- ⅓ kopje ongezouten runderbouillon
- 2 eetlepels heet water
- ½ kopje los verpakte verse muntblaadjes
- ¼ kopje extra vergine olijfolie
- ½ kopje los verpakte verse korianderblaadjes
- 2 theelepels gemalen kurkuma
- 2 eetlepels appelazijn

INSTRUCTIES:
a) Bestrooi de lamsschenkels gelijkmatig met de kurkuma en 1 theelepel zout.
b) Doe de lamsschenkels in een Crockpot.
c) Voeg de bouillon en ui toe.
d) Langzaam koken gedurende 7½ uur.
e) Doe de munt en koriander in een kleine keukenmachine en voeg het hete water toe.
f) Verwerk de kruidencombinatie tot deze glad is voordat je de olie, azijn, knoflook en het resterende zout toevoegt.
g) Gooi de lamsbotjes weg, serveer het lamsvlees met de granaatappelpitjes en sprenkel het kruidenmengsel over het vlees.

17. Gierst, rijst en granaatappel

Maakt: 2 porties

INGREDIËNTEN
- 2 kopjes dunne pohe
- 1 kopje gepofte gierst of rijst
- 1 kopje dikke karnemelk
- ½ kopje granaatappelstukjes
- 5 - 6 curryblaadjes
- ½ theelepel mosterdzaad
- ½ theelepel komijnzaad
- ⅛ theelepel asafoetida
- 5 theelepels olie
- Suiker naar smaak
- Zout naar smaak
- Verse of gedroogde kokosnoot - versnipperd
- Verse korianderblaadjes

INSTRUCTIES:

a) Verhit de olie en voeg vervolgens de mosterdzaadjes toe.

b) Voeg het komijnzaad, de asafoetida en de curryblaadjes toe als ze knappen.

c) Doe de pohe in een kom.

d) Meng de olie-kruidenmix, suiker en zout erdoor.

e) Als de pohe is afgekoeld, combineer je hem met de yoghurt, koriander en kokosnoot.

f) Serveer gegarneerd met koriander en kokosnoot.

18. Mason jar biet, granaatappel en spruitjes

Maakt: 4

INGREDIËNTEN
- 3 middelgrote bieten
- 1 eetlepel olijfolie
- Kosjer zout en versgemalen zwarte peper, naar smaak
- 1 kopje farro
- 4 kopjes babyspinazie of boerenkool
- 2 kopjes spruitjes, in dunne plakjes gesneden
- 3 clementines, geschild en in partjes
- ½ kopje pecannoten, geroosterd
- ½ kopje granaatappelpitjes

HONING-DIJON RODE WIJNVINAIGRETTE
- ¼ kopje extra vergine olijfolie
- 2 eetlepels rode wijnazijn
- ½ sjalot, fijngehakt
- 1 eetlepel honing
- 2 theelepels volkoren mosterd
- Kosjer zout en versgemalen zwarte peper, naar smaak

INSTRUCTIES:

a) Verwarm de oven voor op 400 graden F. Bekleed een bakplaat met folie.

b) Leg de bieten op de folie, besprenkel met olijfolie en breng op smaak met zout en peper.

c) Vouw alle 4 de zijden van de folie op om een zakje te maken. Bak tot ze gaar zijn, 35 tot 45 minuten; laat afkoelen, ongeveer 30 minuten.

d) Wrijf met een schone papieren handdoek over de bieten om de schil te verwijderen; snij in hapklare stukjes.

e) Kook de farro volgens de aanwijzingen op de verpakking en laat afkoelen.

f) Verdeel de bieten in 4 glazen potten met brede opening en deksel. Werk af met spinazie of boerenkool, farro, spruitjes, clementines, pecannoten en granaatappelpitjes.

VOOR DE VINAIGRETTE:

g) Klop de olijfolie, azijn, sjalot, honing, mosterd en 1 eetlepel water door elkaar; breng op smaak met peper en zout. Dek af en bewaar maximaal 3 dagen in de koelkast.

h) Voeg voor het serveren de vinaigrette toe aan elke pot en schud. Serveer onmiddellijk.

19. Zalm met Granaatappel en Quinoa

Maakt: 4 porties

INGREDIËNTEN

- 4 zalmfilets, zonder vel
- ¾ kopje granaatappelsap, suikervrij
- ¼ kopje sinaasappelsap, suikervrij
- 2 eetlepels sinaasappelmarmelade/jam
- 2 Eetlepels knoflook, fijngehakt
- Zout en peper naar smaak
- 1 kopje quinoa, gekookt
- Enkele takjes koriander

INSTRUCTIES:

a) Meng granaatappelsap, sinaasappelsap, sinaasappelmarmelade en knoflook in een middelgrote kom. Breng op smaak met peper en zout en pas de smaak aan naar eigen voorkeur.

b) Verwarm de oven voor op 400F. Vet de ovenschaal in met zachte boter. Leg de zalm op de bakvorm en laat een ruimte van 1 inch vrij tussen de filets.

c) Kook de zalm gedurende 8-10 minuten. Haal vervolgens de pan voorzichtig uit de oven en giet het granaatappelmengsel erin. Zorg ervoor dat de bovenkant van de zalm gelijkmatig bedekt is met het mengsel. Zet de zalm terug in de oven en bak nog 5 minuten of tot hij volledig gaar is en het granaatappelmengsel goudbruin is geworden.

d) Terwijl de zalm kookt, bereid je de quinoa. Kook 2 kopjes water op middelhoog vuur en voeg de quinoa toe. Kook gedurende 5-8 minuten of tot het water is opgenomen. Zet het vuur uit, maak de quinoa los met een vork en doe de deksel er weer op. Laat de overgebleven warmte de quinoa nog 5 minuten koken.

e) Doe de met granaatappel geglazuurde zalm in een serveerschaal en strooi er wat vers gehakte koriander over. Serveer de zalm met quinoa.

20. Zoete Aardappel En Broccoli Met Granaatappeldressing

Voor 4 tot 6 porties

INGREDIËNTEN
- 3 zoete aardappelen, ongeschild
- 2 kopjes licht gestoomde broccoliroosjes
- 3 bleekselderijribben, in plakjes van 1/4 inch gesneden
- 4 groene uien, gehakt
- 2 eetlepels gehakte verse peterselie
- ¼ kop romige pindakaas
- 1 theelepel gehakte verse gember
- ¼ kopje druivenpitolie
- ¼ kopje vers citroensap
- ½ theelepel suiker
- Zout en versgemalen zwarte peper
- ¼ kopje gemalen ongezouten geroosterde pinda's, voor garnering
- 2 eetlepels verse granaatappelpitjes of ¼ kopje gezoete gedroogde veenbessen, voor garnering

INSTRUCTIES:
a) Breng de zoete aardappelen en voldoende water onder een deksel in een grote pan op hoog vuur aan de kook.
b) Zet het vuur middelhoog en laat sudderen tot het zacht, maar nog steeds stevig is, ongeveer 30 minuten. Laat ze uitlekken en afkoelen, pel ze dan en snijd ze in stukjes van een halve centimeter en doe ze in een grote kom. Voeg de broccoli, selderij, groene uien en peterselie toe. Opzij zetten.
c) Meng in een kleine kom de pindakaas, gember, olie, citroensap, suiker en zout en peper naar smaak. Giet de dressing over de salade en roer voorzichtig door elkaar.
d) Garneer met pinda's en granaatappelpitjes en serveer.

21. Tofu met pistache-granaatappelsaus

Maakt: 4 porties

INGREDIËNTEN
- 1 pond extra stevige tofu, uitgelekt, in plakjes van 1⁄4 inch gesneden en geperst
- Zout en versgemalen zwarte peper
- 2 eetlepels olijfolie
- ½ kopje granaatappelsap
- 1 eetlepel balsamicoazijn
- 1 eetlepel lichtbruine suiker
- 2 groene uien, gehakt
- ½ kopje ongezouten gepelde pistachenoten, grof gehakt
- Breng de tofu op smaak met peper en zout.

INSTRUCTIES
- Verhit de olie in een grote koekenpan op middelhoog vuur. Voeg de tofu-plakken toe, indien nodig in batches, en kook tot ze lichtbruin zijn, ongeveer 4 minuten per kant. Haal uit de koekenpan en zet opzij.
- Voeg in dezelfde koekenpan het granaatappelsap, de azijn, de suiker en de groene uien toe en laat 5 minuten op middelhoog vuur sudderen. Voeg de helft van de pistachenoten toe en kook tot de saus iets dikker is, ongeveer 5 minuten.
- Doe de gebakken tofu terug in de pan en kook tot hij heet is, ongeveer 5 minuten, terwijl je de saus over de tofu schep terwijl deze suddert. Serveer onmiddellijk, bestrooid met de overgebleven pistachenoten.

22. Granaatappel Chaat

Maakt: 3 KOPJES

INGREDIËNTEN
1. 2 grote granaatappels, zaden verwijderd (3 kopjes [522 g])
2. ½–1 theelepel zwart zout

INSTRUCTIES:
a) Meng de zaden met het zwarte zout.
b) Geniet er meteen van, of bewaar het maximaal een week in de koelkast.

23. Melasse geglazuurde eendenborst

Maakt: 3

INGREDIËNTEN
- 2 kopjes vers granaatappelsap
- 2 eetlepels vers citroensap
- 3 eetlepels bruine suiker
- 1 pond eendenborst zonder been
- Zout en gemalen zwarte peper, indien nodig

INSTRUCTIES:
- Voor granaatappelmelasse: voeg in een middelgrote pan het granaatappelsap, de citroen en de bruine suiker toe op middelhoog vuur en breng aan de kook.
- Zet het vuur laag en laat ongeveer 25 minuten koken tot het mengsel dik is.
- Haal het van de hoed en laat het iets afkoelen.
- Maak intussen met een mes een inkeping in de eendenborst.
- Kruid de eendenborst royaal met zout en zwarte peper.
- Druk op de AIR OVEN MODE-knop van de Air Fryer-oven en draai aan de knop om de "Air Fry"-modus te selecteren.
- Druk op de TIME/SLICES-knop en draai opnieuw aan de knop om de kooktijd in te stellen op 14 minuten.
- Druk nu op de TEMP/SHADE-knop en draai aan de draaiknop om de temperatuur in te stellen op 400 °F.
- Druk op de "Start/Stop"-knop om te starten.
- Wanneer het apparaat piept om aan te geven dat het is voorverwarmd, opent u de ovendeur.
- Schik de eendenborst in de ingevette airfrymand, met het vel naar boven, en plaats deze in de oven.
- Draai de eendenborst na 6 minuten koken om.
- Wanneer de bereidingstijd is verstreken, opent u de ovendeur en legt u de eendenborst ongeveer 5 minuten op een schaal voordat u hem aansnijdt.
- Snijd met een scherp mes de eendenborst in plakjes van de gewenste grootte en leg deze op een schaal.
- Besprenkel met warme melasse en serveer.

24. Feestelijke hele eend

Maakt: 4-6

INGREDIËNTEN
- 1 hele eend
- 3 eetlepels zeezoutvlokken
- 3 takjes tijm, blaadjes verwijderd
- 4 verse frambozen
- 1 theelepel olie
- Gebarsten zwarte peper

SAUS
- 1 kopje Luv-a-Duck eendenbouillon
- 1 kopje granaatappelsap
- 2 eetlepels vincotto
- ¼ kopje verse frambozen
- 2 theelepel maïsmeel
- 1 eetlepel water Garnering
- 1 granaatappel, zaden verwijderd
- ½ kopje verse frambozen

INSTRUCTIES:
- Verwarm de oven voor op 190°C.
- Eend goed afspoelen onder stromend water. Laat goed uitlekken en dep volledig droog van binnen en van buiten. Plaats eend op het braadrek
- Doe het zoutvlokken, de tijmblaadjes, de frambozen, de olie en de zwarte peper in een kom en meng de ingrediënten met de achterkant van een houten lepel goed door elkaar.
- Wrijf het zoutmengsel gelijkmatig over de bereide eend.
- Plaats het braadrek in de pan en braad de eend in de voorverwarmde oven tot hij goudbruin is en de sappen helder zijn tijdens het testen. Haal de eend uit de oven en laat 10-15 minuten rusten.

SAUS
- Doe de eendenbouillon, het granaatappelsap, de vincotto en de verse frambozen in een middelgrote pan en verwarm op middelhoog vuur gedurende 3-4 minuten. Roer het

gecombineerde maïsmeel en water erdoor en verwarm al roerend tot de vloeistof kookt en dikker wordt.
SERVEREN
● Strooi de halve granaatappelpitjes op de bodem van een grote serveerschaal, plaats de geroosterde eend in het midden en garneer met de resterende zaden en frambozen.
● Serveer warm met traditionele geroosterde groenten en frambozen-granaatappelsaus.

25. Schotse Filetsteaks Met Gedroogde Oregano

SERVEERT: 4

INGREDIËNTEN
- 4 Schotse filetsteaks van 180 g, zonder vet
- 2 eetlepels olijfolie
- 1 eetlepel gedroogde oreganoblaadjes
- 1 theelepel komijnzaad
- 1 theelepel venkelzaad
- Schil en sap van 1 citroen + extra partjes, om te serveren
- 1 grote aubergine
- 2 pakjes van 250 g bruine rijst en quinoa in de magnetron
- 1 el gekaramelliseerde balsamicoazijn
- 4 erfstuktomaten, in partjes gesneden
- 1 Libanese komkommer, in blokjes gesneden
- ¼ kopje korianderblaadjes
- 80 g geitenkaas, verkruimeld
- 1 granaatappel, zaden verwijderd

INSTRUCTIES:
a) Snij een paar inkepingen in de aubergine en plaats deze met een tang direct boven een gasvlam (zie tip als je geen gasvlam hebt). Kook gedurende 10 minuten en draai om de paar minuten terwijl de schil verkoolt en de aubergine zacht wordt. Leg het op een bakplaat en snijd het in de lengte doormidden. Schep het vruchtvlees in een zeef boven een kom en laat het 20 minuten uitlekken.

b) Verwarm een grillpan of barbecue op de hoogste stand. Bestrijk de steaks licht met de helft van de olie, breng op smaak en strooi oregano, komijn, venkel en citroenschil over de steaks. Kook gedurende 3 tot 4 minuten per kant, of tot ze naar wens gaar zijn. Bestrijk de steaks tijdens het koken met de helft van het citroensap om te voorkomen dat de specerijen verbranden. Haal de steaks van het vuur, dek ze losjes af met folie en laat ze 5 minuten rusten.

c) Bereid ondertussen de quinoa en rijst volgens de instructies op de verpakking: Doe in een grote kom. Snijd de uitgelekte aubergine fijn en voeg deze toe aan de kom met de resterende olie, balsamicoazijn en het resterende citroensap, al roerend tot alles gemengd is. Roer de tomaat, komkommer, koriander, geitenkaas en de helft van de granaatappelpitjes erdoor. Breng op smaak en bestrooi met de resterende granaatappelpitjes.

d) Serveer de steaks met aubergine-quinoasalade en partjes citroen.

26. Gebakken bloemkool met tahini

Maakt: 6

INGREDIËNTEN
- 2 kopjes / 500 ml zonnebloemolie
- 2 bloemkool met middelgrote bloemkolven (in totaal 1 kg / 2¼ lb), verdeeld in kleine roosjes
- 8 groene uien, elk verdeeld in 3 lange segmenten
- ¾ kopje / 180 g lichte tahinipasta
- 2 teentjes knoflook, geperst
- ¼ kopje / 15 g platte peterselie, gehakt
- ¼ kopje / 15 g gehakte munt, plus extra om af te maken
- ⅔ kopje / 150 g Griekse yoghurt
- ¼ kopje / 60 ml vers geperst citroensap, plus geraspte schil van 1 citroen
- 1 theelepel granaatappelmelasse, plus extra om af te maken
- ongeveer ¾ kopje / 180 ml water
- Maldon zeezout en versgemalen zwarte peper

INSTRUCTIES

a) Verhit de zonnebloemolie in een grote pan die op middelhoog vuur staat. Gebruik een metalen tang of een metalen lepel, plaats voorzichtig een paar bloemkoolroosjes tegelijk in de olie en kook ze gedurende 2 tot 3 minuten, draai ze om zodat ze gelijkmatig kleuren. Eenmaal goudbruin, gebruik je een schuimspaan om de roosjes in een vergiet te tillen om uit te lekken. Bestrooi met een beetje zout. Ga in batches door tot je alle bloemkool op hebt. Bak vervolgens de groene uien in porties, maar slechts ongeveer 1 minuut. Voeg toe aan de bloemkool. Laat beide een beetje afkoelen.

b) Giet de tahinipasta in een grote mengkom en voeg de knoflook, gehakte kruiden, yoghurt, citroensap en -schil, granaatappelmelasse en wat zout en peper toe. Roer goed met een houten lepel terwijl je het water toevoegt. De tahinisaus wordt dikker en wordt losser als je water toevoegt. Voeg niet te veel toe, net genoeg om een dikke, maar toch gladde, gietbare consistentie te krijgen, een beetje zoals honing.

c) Voeg de bloemkool en groene uien toe aan de tahini en roer goed. Proef en pas de smaak aan. Misschien wil je ook meer citroensap toevoegen.

d) Schep voor het serveren in een serveerschaal en werk af met een paar druppels granaatappelmelasse en wat munt.

27. Verbrande aubergine met granaatappelpitjes

Maakt: 4 ALS ONDERDEEL VAN EEN MEZE-BORD

INGREDIËNTEN

- 4 grote aubergines (3¼ lb / 1,5 kg voor het koken; 2½ kopjes / 550 g na het branden en uitlekken van het vlees)
- 2 teentjes knoflook, geperst
- geraspte schil van 1 citroen en 2 el vers geperst citroensap
- 5 eetlepels olijfolie
- 2 eetlepels gehakte platte peterselie
- 2 eetl gehakte munt
- zaden van ½ grote granaatappel (½ kopje / 80 g in totaal)
- zout en versgemalen zwarte peper

INSTRUCTIES

a) Als je een gasfornuis hebt, bekleed de basis dan met aluminiumfolie om deze te beschermen, zodat alleen de branders zichtbaar blijven. Plaats de aubergines rechtstreeks op vier afzonderlijke gasbranders met middelmatige vlammen en rooster ze 15 tot 18 minuten, tot de schil verbrand en schilferig is en het vruchtvlees zacht is. Gebruik een metalen tang om ze af en toe om te draaien. U kunt de aubergines ook op enkele plaatsen met een mes inkerven, ongeveer 2 cm diep, en ongeveer een uur op een bakplaat onder een hete grill leggen. Draai ze ongeveer elke 20 minuten om en blijf koken, zelfs als ze barsten en breken.

b) Haal de aubergines van het vuur en laat ze iets afkoelen. Zodra de aubergine voldoende is afgekoeld om te hanteren, snijd je een opening langs elke aubergine en schep je het zachte vruchtvlees eruit. Verdeel het met je handen in lange dunne reepjes. Gooi de huid weg. Laat het vruchtvlees minimaal een uur, maar bij voorkeur langer, in een vergiet uitlekken om zoveel mogelijk water kwijt te raken.

c) Doe de auberginepulp in een middelgrote kom en voeg de knoflook, de citroenschil en het sap, de olijfolie, ½ theelepel zout en een goede hoeveelheid zwarte peper toe. Roer en laat de aubergine minimaal een uur op kamertemperatuur marineren.

d) Als je klaar bent om te serveren, meng je de meeste kruiden erdoor en proef je of je het op smaak hebt gebracht. Schep het geheel hoog op een serveerschaal, strooi de granaatappelpitjes erover en garneer met de overige kruiden.

28. Tabouleh

Maakt: 4 royaal

INGREDIËNTEN
- ½ kopje / 30 g fijne bulgurtarwe
- 2 grote tomaten, rijp maar stevig (10½ oz / 300 g in totaal)
- 1 sjalot, fijngehakt (3 el / 30 g in totaal)
- 3 eetlepels vers geperst citroensap, plus een beetje extra om af te maken
- 4 grote bosjes platte peterselie (5½ oz / 160 g in totaal)
- 2 bosjes munt (1 oz / 30 g in totaal)
- 2 theelepel gemalen piment
- 1 theelepel baharat kruidenmix (in de winkel gekocht ofzie recept)
- ½ kopje / 80 ml olijfolie van topkwaliteit
- zaden van ongeveer ½ grote granaatappel (½ kopje / 70 g in totaal), optioneel
- zout en versgemalen zwarte peper

INSTRUCTIES

a) Doe de bulgur in een fijne zeef en laat onder koud water lopen tot het water er helder uitziet en het meeste zetmeel is verwijderd. Breng over naar een grote mengkom.

b) Gebruik een klein gekarteld mes om de tomaten in plakjes van 0,5 cm dik te snijden. Snijd elke plak in reepjes van ¼ inch / 0,5 cm en vervolgens in dobbelsteentjes. Voeg de tomaten en hun sap toe aan de kom, samen met het sjalotten- en citroensap en roer goed.

c) Neem een paar takjes peterselie en druk ze stevig tegen elkaar aan. Gebruik een groot, zeer scherp mes om de meeste stelen af te snijden en weg te gooien. Gebruik nu het mes om de stengels en bladeren omhoog te bewegen, waarbij je het mes geleidelijk aan "voedt" om de peterselie zo fijn mogelijk te versnipperen en te voorkomen dat je stukken snijdt die breder zijn dan 1/16 inch / 1 mm. Voeg toe aan de kom.

d) Pluk de muntblaadjes van de stengels, pak er een paar stevig bij elkaar en hak ze fijn, net zoals je met de peterselie deed; Hak ze niet te veel fijn, want ze verkleuren vaak. Voeg toe aan de kom.

e) Voeg ten slotte de piment, baharat, olijfolie, granaatappel (indien gebruikt) en wat zout en peper toe. Proef en voeg eventueel nog wat zout en peper toe, eventueel een klein beetje citroensap, en serveer.

29. Tarwebessen en snijbiet met granaatappelmelasse

Maakt: 4

INGREDIËNTEN
- 1⅓ lb / 600 g snijbiet of regenboogsnijbiet
- 2 eetlepels olijfolie
- 1 eetl ongezouten boter
- 2 grote preien, witte en lichtgroene delen, in dunne plakjes gesneden (3 kopjes / 350 g in totaal)
- 2 eetlepels lichtbruine suiker
- ongeveer 3 eetlepels granaatappelmelasse
- 1¼ kopjes / 200 g gepelde of ongepelde tarwebessen
- 2 kopjes / 500 ml kippenbouillon
- zout en versgemalen zwarte peper
- Griekse yoghurt, om te serveren

INSTRUCTIES
a) Scheid de witte stengels van de snijbiet met een klein, scherp mes van de groene bladeren. Snijd de stengels in plakjes van ⅜ inch / 1 cm en de bladeren in plakjes van ¾ inch / 2 cm.
b) Verhit de olie en boter in een grote pan met dikke bodem. Voeg de prei toe en kook al roerend 3 tot 4 minuten. Voeg de snijbietstengels toe en kook gedurende 3 minuten, voeg dan de bladeren toe en kook nog eens 3 minuten. Voeg de suiker, 3 eetlepels granaatappelmelasse en de tarwebessen toe en meng goed. Voeg de bouillon, ¾ theelepel zout en wat zwarte peper toe, breng zachtjes aan de kook en kook op laag vuur, afgedekt, gedurende 60 tot 70 minuten. De tarwe zou op dit punt al dente moeten zijn.
c) Verwijder het deksel en verhoog, indien nodig, het vuur en laat de resterende vloeistof verdampen. De bodem van de pan moet droog zijn en een beetje gebrande karamel bevatten. Haal van het vuur.
d) Proef voor het serveren en voeg indien nodig meer melasse, zout en peper toe; je wilt het scherp en zoet, dus wees niet verlegen met je melasse. Serveer warm, met een klodder Griekse yoghurt.

30. Met lamsvlees gevulde kweepeer met granaatappel en koriander

Maakt: 4

INGREDIËNTEN
- 400 g lamsgehakt
- 1 teentje knoflook, geperst
- 1 rode chili, gehakt
- ⅔ oz / 20 g koriander, gehakt, plus 2 eetlepels, om te garneren
- ½ kopje / 50 g broodkruimels
- 1 theelepel gemalen piment
- 2 el fijn geraspte verse gember
- 2 middelgrote uien, fijngehakt (1⅓ kopjes / 220 g in totaal)
- 1 groot vrije-uitloop ei
- 4 kweeperen (2¾ lb / 1,3 kg in totaal)
- sap van ½ citroen, plus 1 el vers geperst citroensap
- 3 eetlepels olijfolie
- 8 kardemompeulen
- 2 theelepels granaatappelmelasse
- 2 theelepel suiker
- 2 kopjes / 500 ml kippenbouillon
- zaden van ½ granaatappel
- zout en versgemalen zwarte peper

INSTRUCTIES
a) Doe het lamsvlees in een mengkom, samen met de knoflook, chili, koriander, paneermeel, piment, de helft van de gember, de helft van de ui, het ei, ¾ theelepel zout en wat peper. Meng goed met je handen en zet opzij.

b) Schil de kweeperen en halveer ze in de lengte. Doe ze in een kom koud water met het sap van de ½ citroen, zodat ze niet bruin worden. Gebruik een meloenballer of een kleine lepel om de zaadjes te verwijderen en hol vervolgens de kweepeerhelften uit, zodat je een schaal van ⅔ inch / 1,5 cm overhoudt. Bewaar het uitgeschepte vruchtvlees. Vul de holtes met het lamsmengsel en druk het met je handen naar beneden.

c) Verhit de olijfolie in een grote koekenpan waar je een deksel op hebt. Doe het achtergehouden kweepeervlees in een keukenmachine, maal het fijn en doe het mengsel samen met de overgebleven ui, gember en kardemompeulen in de pan. Bak gedurende 10 tot 12 minuten, tot de ui zacht is geworden. Voeg de melasse, 1 eetlepel citroensap, suiker, bouillon, ½ theelepel zout en wat zwarte peper toe en meng goed. Voeg de kweepeerhelften toe aan de saus, met de vleesvulling naar boven gericht, zet het vuur laag en laat zachtjes koken, dek de pan af en kook ongeveer 30 minuten. Aan het eind moet de kweepeer helemaal zacht zijn, het vlees goed gaar en de saus dik. Til het deksel op en laat een minuut of twee sudderen om de saus indien nodig in te dikken.

d) Serveer warm of op kamertemperatuur, bestrooid met koriander en granaatappelpitjes.

31. Sfiha of Lahm Bi'ajeen

Maakt: ONGEVEER 14 GEBAKJES

TOPPING

INGREDIËNTEN
- 250 g lamsgehakt
- 1 grote ui, fijngehakt (1 volle kop / 180 g in totaal)
- 2 middelgrote tomaten, fijngehakt (1½ kopjes / 250 g)
- 3 eetlepels lichte tahinipasta
- 1¼ theelepel zout
- 1 theelepel gemalen kaneel
- 1 theelepel gemalen piment
- ⅛ theelepel cayennepeper
- 1 oz / 25 g platte peterselie, gehakt
- 1 eetl vers geperst citroensap
- 1 eetl granaatappelmelasse
- 1 eetl sumak
- 3 el / 25 g pijnboompitten
- 2 citroenen, in partjes gesneden

DEEG
- 1⅔ kopjes / 230 g broodmeel
- 1½ eetl melkpoeder
- ½ eetlepel zout
- 1½ theelepel snel rijzende actieve droge gist
- ½ theelepel bakpoeder
- 1 eetlepel suiker
- ½ kopje / 125 ml zonnebloemolie
- 1 groot vrije-uitloop ei
- ½ kopje / 110 ml lauw water
- olijfolie, om te bestrijken

INSTRUCTIES
a) Begin met het deeg. Doe de bloem, melkpoeder, zout, gist, bakpoeder en suiker in een grote mengkom. Roer goed om te mengen en maak dan een kuiltje in het midden. Doe de zonnebloemolie en het ei in het kuiltje en roer terwijl je het

water toevoegt. Wanneer het deeg samenkomt, breng het over naar een werkoppervlak en kneed het gedurende 3 minuten, tot het elastisch en uniform is. Doe het in een kom, bestrijk het met wat olijfolie, dek het af met een handdoek op een warme plek en laat het 1 uur staan. Het deeg moet dan iets gerezen zijn.

b) Gebruik je handen in een aparte kom om alle ingrediënten voor de topping door elkaar te mengen, behalve de pijnboompitten en partjes citroen. Opzij zetten.

c) Verwarm de oven voor op 230°C. Bekleed een grote bakplaat met bakpapier.

d) Verdeel het gerezen deeg in balletjes van 50 g; je zou er ongeveer 14 moeten hebben. Rol elke bal uit tot een cirkel met een diameter van ongeveer 5 inch / 12 cm en een dikte van ⅛ inch / 2 mm. Bestrijk elke cirkel aan beide kanten lichtjes met olijfolie en leg ze op de bakplaat. Dek af en laat 15 minuten rijzen.

e) Gebruik een lepel om de vulling over de gebakjes te verdelen en verdeel het gelijkmatig zodat het het deeg volledig bedekt. Bestrooi met de pijnboompitten. Laat het nog eens 15 minuten rijzen en zet het dan ongeveer 15 minuten in de oven, tot het net gaar is. Je wilt er zeker van zijn dat het deeg net gebakken is en niet te gaar; de topping moet van binnen lichtroze zijn en het deeg aan de onderkant goudbruin. Haal het uit de oven en serveer warm of op kamertemperatuur met de partjes citroen.

ZIJDEN

32. Geroosterde spruitjes met granaatappel

Maakt: 4

INGREDIËNTEN

- 1 pond spruitjes, in tweeën gesneden
- 1 sjalot, gehakt
- 1 eetlepel olijfolie
- Zout en peper naar smaak
- 2 theelepels balsamicoazijn
- ¼ kopje granaatappelpitjes
- ¼ kopje geitenkaas, verkruimeld

INSTRUCTIES:

a) Verwarm je oven voor op 400 ° F. Bestrijk de spruitjes met olie. Bestrooi met zout en peper.

b) Breng over naar een bakvorm. Rooster 20 minuten in de oven.

c) Besprenkel met azijn.

d) Bestrooi voor het serveren met de zaden en kaas.

33. Artisjokken van Jeruzalem met granaatappel

Maakt: 4

INGREDIËNTEN
- 500 gram aardperen
- 3 eetlepels extra vergine olijfolie
- 1 theelepel nigellazaad
- 2 eetlepels pijnboompitten
- 1 eetlepel honing
- 1 granaatappel, in de lengte gehalveerd
- 3 eetlepels granaatappelmelasse
- 3 eetlepels feta, verkruimeld
- 2 eetlepels platte peterselie, gehakt
- Zout en zwarte peper

INSTRUCTIES:

a) Verwarm de oven voor op 200 graden Celsius/gasovenstand 6. Boen de artisjokken goed en halveer ze of in vieren, afhankelijk van de grootte. Leg ze in een enkele laag op een grote bakplaat en besprenkel met 2 eetlepels olie. Goed op smaak brengen met peper en zout en vervolgens bestrooien met de nigellazaadjes. Rooster gedurende 20 minuten of tot ze knapperig zijn aan de randen. Voeg de pijnboompitten en honing toe aan de artisjokken gedurende de laatste 4 minuten van het koken.

b) Haal ondertussen de granaatappelpitjes eruit. Gebruik een grote kom en een zware houten lepel en sla op de zijkant van elke gehalveerde granaatappel totdat alle zaadjes eruit springen. Verwijder eventueel merg. Giet het sap in een kleine kom en voeg de granaatappelsiroop en de resterende olijfolie toe. Roer door elkaar tot het gecombineerd is.

c) Als de artisjokken en pijnboompitten klaar zijn, schep je ze op een serveerschaal, bestrooid met de zaadjes. Giet de dressing over alles en maak het af met wat feta en peterselie om te serveren.

34. Komkommer- en granaatappelsalsa

Maakt: 6

INGREDIËNTEN
- 1 grote granaatappel
- 1 middelgrote komkommer, in fijne blokjes gesneden
- 2-3 tomaten, in fijne blokjes gesneden
- 1 groene paprika, fijngesneden
- 1 hete chili, gehakt
- ½ bosje verse munt en koriander, fijngehakt
- 1 bosje lente-uitjes, fijngesneden
- Zout en zwarte peper
- Olijfolie
- Sap van 1 limoen

INSTRUCTIES:

a) Zorg er eerst voor dat je granaatappelkleurige kleding draagt.

b) Snijd de granaatappel doormidden met een scherp mes en maak met je vingers voorzichtig de zaadjes los, waarbij je eventueel het merg eruit trekt.

c) Meng ze met alle andere ingrediënten, roer goed, dek af en laat afkoelen tot je ze nodig hebt.

35. Granaatappel-geroosterde wortelen

Maakt: 4

INGREDIËNTEN

- 1 pond wortels, geschild, bijgesneden en in de lengte gehalveerd of in vieren gesneden
- 1 eetlepel extra vergine olijfolie
- ¼ theelepel koosjer zout
- Snufje Turkse of Syrische rode peper of cayennepeper
- 1 theelepel granaatappelmelasse of 2 theelepels balsamicoazijn
- 2 eetlepels gehakte verse koriander, basilicum of peterselie

INSTRUCTIES:

a) Verwarm de oven voor op 425 ° F. Meng de wortels op een omrande bakplaat met de olie, het zout en de rode peper of cayennepeper. Verdeel ze in één enkele laag.

b) Rooster gedurende 15 minuten, roer goed en rooster nog eens 10 minuten. Haal het vervolgens uit de oven en besprenkel met de granaatappelmelasse; schep voorzichtig om de wortels met melasse te bedekken. Rooster tot de wortels goudbruin en zacht zijn, nog ongeveer 5 minuten. Serveer gegarneerd met koriander.

36. Gegrilde bloemkoolpartjes

Maakt: 8

INGREDIËNTEN
- 1 bloemkool met grote kop
- 1/2 theelepel gemalen rode pepervlokken
- 4 eetlepels groentebouillon
- 1 theelepel gemalen kurkuma
- Granaatappelzaadjes

INSTRUCTIES:
a) Bloemkoolbladeren en stengels moeten worden verwijderd. Afhankelijk van het gewenste aantal porties snijd je de bloemkool in partjes.
b) Combineer de kurkuma- en pepervlokken. Bestrijk de partjes met groentebouillon voordat je ze besprenkelt met het kurkumamengsel.
c) Grill afgedekt of rooster 10 cm van het vuur gedurende 8-10 minuten of tot de bloemkool gaar is.
d) Garneer met granaatappelpitjes en geniet van de heerlijke gegrilde bloemkoolpartjes.

37. Kamut met wortelen en granaatappel

Serveert 6

1 kopje kamut, afgespoeld en uitgelekt
¼ theelepel keukenzout, plus zout voor het koken van kamut
2 eetlepels plantaardige olie
2 wortels, geschild en in stukken van ¼ inch gesneden
2 teentjes knoflook, fijngehakt
¾ theelepel garam masala
¼ kopje gepelde pistachenoten, licht geroosterd en grof gehakt, verdeeld
3 eetlepels gehakte verse koriander, verdeeld
1 theelepel citroensap
¼ kopje granaatappelpitjes

1 Breng 2 liter water aan de kook in een grote pan. Roer Kamut en 2 theelepels zout erdoor. Breng terug aan de kook; verminder hitte; en laat sudderen tot ze gaar zijn, 55 minuten tot 1¼ uur. Goed laten uitlekken. Verdeel het mengsel over een bakplaat met rand en laat het minimaal 15 minuten afkoelen.
2 Verhit de olie in een koekenpan van 30 cm op middelhoog vuur tot deze glinstert. Voeg wortels en zout toe en kook, onder regelmatig roeren, tot de wortels zacht en lichtbruin zijn, 4 tot 6 minuten. Voeg knoflook en garam masala toe en kook, onder voortdurend roeren, tot het geurig is, ongeveer 1 minuut. Voeg kamut toe en kook tot het is opgewarmd, 2 tot 5 minuten. Roer van het vuur de helft van de pistachenoten, 2 eetlepels koriander en citroensap erdoor. Breng op smaak met zout en peper. Doe het in een serveerschaal en bestrooi met granaatappelpitjes, de resterende pistachenoten en de resterende 1 eetlepel koriander. Dienen.

SALADES

38. Bitterzoete granaatappelsalade

Maakt: 1-2 porties

INGREDIËNTEN

DRESSING:
- 2 Eetlepels citroensap
- ½ kopje bloedsinaasappelsap
- ¼ kopje ahornsiroop

SALADE:
- ½ kopje vers gesneden koolmicrogreens
- 1 kleine radicchio, in hapklare stukjes gescheurd
- ½ kopje paarse kool, in dunne plakjes gesneden
- ¼ kleine rode ui, fijngehakt
- 3 radijsjes, in dunne reepjes gesneden
- 1 bloedsinaasappel, geschild, ontpit en in partjes
- zout en peper naar smaak
- ⅓ kopje ricottakaas
- ¼ kopje pijnboompitten, geroosterd
- ¼ kopje granaatappelpitjes
- 1 Eetlepel olijfolie

INSTRUCTIES:

DRESSING:

a) Laat alle ingrediënten voor de dressing 20-25 minuten zachtjes koken.

b) Laat afkoelen voordat u het serveert.

SALADE:

c) Combineer de radicchio, kool, ui, radijs en microgreens in een mengkom.

d) Meng voorzichtig met zout, peper en olijfolie.

e) Strooi op een serveerschaal een klein lepeltje ricottakaas.

f) Bestrooi met de pijnboompitten en granaatappelpitjes en besprenkel met de bloedsinaasappelsiroop.

39. Brussel, Bulgur En Granaatappelsalade

Maakt: 6 porties

INGREDIËNTEN
- 1 kop droge bulgur, gekookt
- 2 eetlepels olijfolie
- 2 eetlepels balsamicoazijn
- ⅛ theelepel zout
- 8 ons spruitjes, gesteeld en versnipperd
- 1 sjalot, fijngehakt
- 1 granaatappel, zonder zaadjes
- 1 peer, in blokjes gesneden
- ¼ kopje walnoten, grof gehakt
- ⅛ theelepel peper

INSTRUCTIES:
a) Meng de spruitjes met granaatappelpitjes, walnoten en peren.
b) Roer de bulgur erdoor met een vork en serveer met de salade.
c) Meng de sjalot, olie, azijn, zout en peper in een aparte kleine kom om de dressing te maken.
d) Giet de dressing over de salade en meng.

40. Kool-granaatappelsalade

Maakt: 2 porties

INGREDIËNTEN
- 1 kopje kool – geraspt
- ½ granaatappel, zaden verwijderd
- ¼ Eetlepels mosterdzaad
- ¼ Eetlepels komijnzaad
- 4-5 curryblaadjes
- Knijp asafoetida
- 1 eetlepel olie
- Zout en suiker naar smaak
- Citroensap naar smaak
- Verse korianderblaadjes

INSTRUCTIES:

a) Combineer granaatappel en kool.

b) Verhit de mosterdzaadjes in een pan met de olie.

c) Voeg het komijnzaad, de curryblaadjes en de asafoetida toe aan de pan.

d) Meng het kruidenmengsel met de kool.

e) Voeg suiker, zout en citroensap toe en meng goed.

f) Serveer gegarneerd met koriander.

41. Wortel- en granaatappelsalade

Maakt: 2 porties

INGREDIËNTEN
- 2 wortels – geraspt
- ½ granaatappel, zaden verwijderd
- ¼ Eetlepels mosterdzaad
- ¼ Eetlepels komijnzaad
- 4-5 curryblaadjes
- Knijp asafoetida
- 1 eetlepel olie
- Zout en suiker naar smaak
- Citroensap – naar smaak
- Verse korianderblaadjes

INSTRUCTIES:
a) Combineer granaatappel en wortel.
b) Verhit de mosterdzaadjes in een pan met de olie.
c) Voeg het komijnzaad, de curryblaadjes en de asafoetida toe.
d) Meng het kruidenmengsel met de wortel.
e) Voeg suiker, zout en citroensap toe.
f) Serveer gegarneerd met koriander.

42. Peterselie-komkommersalade met feta

Maakt: 4 - 6

INGREDIËNTEN
- 1 eetlepel granaatappelmelasse
- 1 eetlepel rode wijnazijn
- ¼ theelepel keukenzout
- ⅛ theelepel peper
- Snuf cayennepeper
- 3 eetlepels extra vergine olijfolie
- 3 kopjes verse peterselieblaadjes
- 1 Engelse komkommer, in de lengte gehalveerd en in dunne plakjes gesneden
- 1 kop walnoten, geroosterd en grof gehakt, verdeeld
- 1 kopje granaatappelpitjes, verdeeld
- 4 ons fetakaas, in dunne plakjes gesneden

INSTRUCTIES:

a) Klop granaatappelmelasse, azijn, zout, peper en cayennepeper samen in een grote kom. Terwijl u voortdurend zwaait, druppelt u langzaam de olie erdoor tot het geëmulgeerd is.

b) Voeg peterselie, komkommer, ½ kopje walnoten en ½ kopje granaatappelpitjes toe en roer om. Breng op smaak met zout en peper.

c) Breng over naar een serveerschaal en bedek met feta, de resterende ½ kopje walnoten en de resterende ½ kopje granaatappelpitjes.

d) Dienen.

43. Spruitjessalade

Maakt: 6 porties

INGREDIËNTEN
- 1 kopje droge bulgur
- 8 ons spruitjes
- 1 granaatappel
- 1 peer, in blokjes gesneden
- ¼ kopje walnoten, grof gehakt
- 1 middelgrote sjalot, fijngehakt
- 2 eetlepels olijfolie
- 2 eetlepels balsamicoazijn
- ⅛ theelepel zout
- ⅛ theelepel peper
- Rauwe Spruitjessalade

INSTRUCTIES:
a) Combineer 2 kopjes koud water en droge bulgur in een kleine pan. Breng aan de kook, zet het vuur laag en roer af en toe.
b) Laat 12-15 minuten sudderen, of tot de bulgur zacht is. Eventuele extra vloeistof moet worden afgetapt en opzij worden gezet om af te koelen.
c) Snijd de steeltjes af en verwijder eventuele taaie of uitgedroogde bladeren van de spruitjes.
d) Snij de spruitjes van boven naar beneden doormidden en verwijder de steel. Leg de spruitjes met de snijzijde naar beneden en begin ze van boven naar beneden in dunne plakjes te snijden om ze te versnipperen.
e) Schep de spruitjes in een grote mengkom voorzichtig totdat de lagen uit elkaar vallen en zet ze vervolgens opzij.
f) Verwijder de pitjes uit de granaatappel.

g) Zodra de granaatappel is ingesneden, draait u hem om hem in tweeën te splitsen en trekt u voorzichtig de schil eraf om de pitjes te verwijderen. Houd de gesneden kant van de granaatappel boven een kom en sla met een houten lepel op de achterkant totdat alle pitjes eruit vallen.

h) Meng de spruitjes met granaatappelpitjes, walnoten en peren. Meng de bulgur met een vork en serveer met de salade.

i) Combineer de sjalot, olie, azijn, zout en peper in een aparte kleine kom.

j) Meng de salade door de dressing. Serveer en geniet!

44. Salade van mozzarella, granaatappel en pompoen

Maakt: 4-6

INGREDIËNTEN

- 300 gram mozarella
- 2 bloedsinaasappelen, gesegmenteerd
- 1 bosje basilicum
- Schilferig zeezout

VOOR DE KLEDING

- 500 ml granaatappelsap
- 200 ml bloedsinaasappelsap
- 1 eetlepel bruine suiker
- Zaden van 2 granaatappels
- 250 ml extra vergine olijfolie
- Sap van 1 citroen

INSTRUCTIES:

a) Begin eerst met aankleden. Giet het granaatappel- en bloedsinaasappelsap in een pan en voeg de bruine suiker toe. Reduceer het mengsel tot siroop en zorg ervoor dat het niet verbrandt. Haal het van het vuur en zet het opzij om af te koelen.

b) Giet de mozzarella af, scheur deze in gelijke stukken en schik deze op een grote serveerschaal.

c) Bestrooi met de stukjes sinaasappel. Scheur de basilicumblaadjes los en strooi ze over de sinaasappel.

d) Meng 50 ml siroop en de verse granaatappelpitjes met de olijfolie en de helft van het citroensap. Voeg naar smaak meer citroensap toe.

e) Breng de mozzarella en bloedsinaasappelen op smaak met zout en besprenkel rijkelijk met de dressing. Serveer onmiddellijk.

45. Pompoen- en granaatappelsalade

Maakt: 3-4

INGREDIËNTEN

- 1 kleine pompoen in stukjes gesneden, geschild en ontpit
- 1 eetlepel olijfolie
- Zaden van 1 granaatappel
- 100 g spinazie en rucolablaadjes
- Een handvol verse munt
- Een flinke handvol verse koriander
- 3 grote wortels, geschild en geraspt
- 2 sinaasappels, geraspt, geschild en in plakjes gesneden
- Schil van 1 citroen
- 20 g walnoot- of pijnboompitten
- 20 g dadels, gehakt
- Zout en zwarte peper

VOOR DE KLEDING

- 2 eetlepels agavesiroop
- Sap van ½ sinaasappel
- Sap van ½ citroen
- 1 eetlepel walnootolie

INSTRUCTIES:

a) Verwarm de oven voor op 180 graden Celsius/gasovenstand 4. Bestrijk de pompoensegmenten met olijfolie en breng op smaak met zout en peper. Doe het in een braadslee en bak ongeveer 40 minuten of tot het gaar is. Iets afkoelen.

b) Schik de slablaadjes op de bodem van uw serveerbord. Snijd de munt- en korianderblaadjes fijn en combineer ze met de geraspte wortelen. Breng op smaak met een beetje zout en peper en verdeel het over de bladeren.

c) Leg de sinaasappelschijfjes erop. Voeg de geroosterde pompoenpartjes toe, daarna de granaatappelpitjes en de stukjes walnoot en dadel.

d) Meng de dressing-INGREDIËNTEN in een kleine kom en sprenkel dit over het saladebord om te serveren.

46. Ricotta met boerenkool, granaatappel en kastanjes

Maakt: 4

INGREDIËNTEN
- 200 g boerenkool, geplukt en gewassen
- 200 g gekookte kastanjes, grof gehakt
- 250 gram ricottakaas
- 2 theelepel granaatappelmelasse
- Zaden van ½ granaatappel
- Olijfolie
- Zout

INSTRUCTIES:

a) Blancheer de boerenkool in een grote pan met gezouten, kokend water gedurende 3-4 minuten en ververs ze vervolgens in ijswater.

b) Zodra het koud is, laat het uitlekken en zet het opzij.

c) Bak de kastanjes zachtjes in een scheutje olijfolie gedurende een paar minuten en voeg dan de geblancheerde boerenkool toe om op te warmen.

d) Verwarm de ricotta in een aparte pan zachtjes door.

e) Om te serveren legt u de warme ricotta op de bodem van een serveerschaal en belegt u deze met de hete kastanjes en boerenkool.

f) Sprenkel de granaatappelmelasse erover en bestrooi met verse zaadjes.

47. Andijvie En Sinaasappelsalade

INGREDIËNTEN

- 2 middelgrote kroppen witlof, blaadjes gescheiden
- 2 navelsinaasappelen, geschild, gehalveerd en in plakjes van 1/4 inch gesneden
- 2 eetlepels gehakte rode ui
- 3 eetlepels olijfolie
- ½ eetlepel balsamicoazijn met vijgeninfusie
- Zout en versgemalen zwarte peper
- 1 eetlepel verse granaatappelpitjes (optioneel)

INSTRUCTIES

a) Meng in een grote kom de andijvie, sinaasappelen, pecannoten en ui. Opzij zetten.

b) Meng in een kleine kom de olie, azijn, suiker en zout en peper naar smaak. Roer tot het gemengd is. Giet de dressing over de salade en roer voorzichtig door elkaar. Bestrooi met granaatappelpitjes, indien gebruikt, en serveer.

48. Salade van geroosterde bloemkool en hazelnoot

Maakt: 2 TOT 4

INGREDIËNTEN

- 1 kop bloemkool, in kleine roosjes verdeeld (1½ lb / 660 g in totaal)
- 5 eetlepels olijfolie
- 1 grote stengel bleekselderij, schuin gesneden in plakjes van ¼ inch / 0,5 cm (⅔ kopje / 70 g in totaal)
- 5 eetlepels / 30 g hazelnoten, met schil
- ⅓ kopje / 10 g kleine bladpeterselieblaadjes, geplukt
- ⅓ kopje / 50 g granaatappelpitjes (van ongeveer ½ middelgrote granaatappel)
- royale ¼ theelepel gemalen kaneel
- royale ¼ theelepel gemalen piment
- 1 eetl sherryazijn
- 1½ theelepel ahornsiroop
- zout en versgemalen zwarte peper

INSTRUCTIES

a) Verwarm de oven voor op 220°C.

b) Meng de bloemkool met 3 eetlepels olijfolie, ½ theelepel zout en wat zwarte peper. Verdeel het mengsel in een braadpan en rooster het op het bovenste ovenrooster gedurende 25 tot 35 minuten, tot de bloemkool knapperig is en delen ervan goudbruin zijn geworden. Doe over in een grote mengkom en zet opzij om af te koelen.

c) Verlaag de oventemperatuur naar 325°F / 170°C. Verdeel de hazelnoten over een met bakpapier beklede bakplaat en rooster ze 17 minuten.

d) Laat de noten een beetje afkoelen, hak ze grof en voeg ze samen met de resterende olie en de rest van de ingrediënten toe aan de bloemkool. Roer, proef en breng op smaak met zout en peper. Serveer op kamertemperatuur.

49. Pittige salade van bieten, prei en walnoten

INGREDIËNTEN

- 4 middelgrote bieten (⅓ lb / 600 g in totaal na koken en schillen)
- 4 middelgrote preien, gesneden in segmenten van 4 inch / 10 cm (4 kopjes / 360 g in totaal)
- ½ oz / 15 g koriander, grof gehakt
- 1¼ kopjes / 25 g rucola
- ⅓ kopje / 50 g granaatappelpitjes (optioneel)
- DRESSING
- 1 kop / 100 g walnoten, grof gehakt
- 4 teentjes knoflook, fijngehakt
- ½ theelepel chilivlokken
- ¼ kopje / 60 ml ciderazijn
- 2 eetlepels tamarindewater
- ½ theelepel walnootolie
- 2½ eetlepel arachideolie
- 1 theelepel zout

INSTRUCTIES

a) Verwarm de oven voor op 220°C.

b) Wikkel de bieten afzonderlijk in aluminiumfolie en rooster ze afhankelijk van hun grootte 1 tot 1½ uur in de oven. Eenmaal gaar, zou je er gemakkelijk een klein mes doorheen moeten kunnen steken. Haal uit de oven en zet opzij om af te koelen.

c) Zodra de bieten voldoende zijn afgekoeld om te hanteren, schilt u ze, halveert u ze en snijdt u elke helft in partjes van 1 cm dik aan de onderkant. Doe in een middelgrote kom en zet opzij.

d) Doe de prei in een middelgrote pan met gezouten water, breng aan de kook en laat 10 minuten koken tot hij net gaar is; Het is belangrijk om ze zachtjes te laten sudderen en ze niet te gaar te maken, zodat ze niet uit elkaar vallen. Giet af en laat afkoelen onder koud water. Gebruik vervolgens een zeer scherp gekarteld mes om elk segment in 3 kleinere stukjes te snijden en dep ze droog. Doe het mengsel in een kom, scheid het van de bieten en zet opzij.

e) Terwijl de groenten koken, meng je alle ingrediënten voor de dressing en laat je het minstens 10 minuten aan de kant staan, zodat alle smaken goed tot hun recht komen.
f) Verdeel de walnotendressing en de koriander gelijkmatig over de bieten en de prei en roer voorzichtig. Proef beide en voeg indien nodig meer zout toe.
g) Om de salade samen te stellen, verdeelt u het grootste deel van de bieten op een serveerschaal, belegt u met wat rucola, dan het grootste deel van de prei, dan de resterende bieten en maakt u af met nog meer prei en rucola. Strooi eventueel de granaatappelpitjes erover en serveer.

50. Mason jar bieten- en spruitjesgraankommen

Ingrediënten
- 3 middelgrote bieten (ongeveer 1 pond)
- 1 eetlepel olijfolie
- Kosjer zout en versgemalen zwarte peper, naar smaak
- 1 kopje farro
- 4 kopjes babyspinazie of boerenkool
- 2 kopjes spruitjes (ongeveer 8 ons), in dunne plakjes gesneden
- 3 clementines, geschild en in partjes
- ½ kopje pecannoten, geroosterd
- ½ kopje granaatappelpitjes

Honing-Dijon rode wijnvinaigrette
- ¼ kopje extra vergine olijfolie
- 2 eetlepels rode wijnazijn
- ½ sjalot, fijngehakt
- 1 eetlepel honing
- 2 theelepels volkoren mosterd
- Kosjer zout en versgemalen zwarte peper, naar smaak

Routebeschrijving

a) Verwarm de oven voor op 400 graden F. Bekleed een bakplaat met folie.

b) Leg de bieten op de folie, besprenkel met olijfolie en breng op smaak met zout en peper. Vouw alle 4 de zijden van de folie op om een zakje te maken. Bak tot ze gaar zijn, 35 tot 45 minuten; laat afkoelen, ongeveer 30 minuten.

c) Wrijf met een schone papieren handdoek over de bieten om de schil te verwijderen; snij in hapklare stukjes.

d) Kook de farro volgens de aanwijzingen op de verpakking en laat afkoelen.

e) Verdeel de bieten in 4 glazen potten met brede opening en deksel. Werk af met spinazie of boerenkool, farro, spruitjes, clementines, pecannoten en granaatappelpitjes. In de koelkast afgedekt 3 à 4 dagen houdbaar.

f) VOOR DE VINAIGRETTE: Klop de olijfolie, azijn, sjalot, honing, mosterd en 1 eetlepel water door elkaar; breng op smaak met peper en zout. Dek af en bewaar maximaal 3 dagen in de koelkast.

g) Voeg voor het serveren de vinaigrette toe aan elke pot en schud. Serveer onmiddellijk.

51. Thaise Chili Broccoli Salade

Maakt: 4

INGREDIËNTEN
- Geblancheerde broccoliroosjes: ½ kg
- Voor de chilivinaigrette:
- Citroensap: 1 eetlepel
- Granaatappelsap: 1 eetlepel
- Castorsuiker: ½ theelepel
- Geplette gele mosterdzaadjes: 1 theelepel
- Gedroogde chilivlokken: ¼ theelepel
- Gehakte knoflook: 1 theelepel
- Olie: 1 eetlepel
- Gesegmenteerd oranje: 1
- Voor de wrongeltopping:
- Gehangen wrongel: 2 eetlepels
- Geraspte schil van sinaasappel: 1
- Sinaasappelsap: 2 eetlepels
- Azijn: 1 eetlepel
- Tomatenpuree: 1 theelepel
- Suiker, zout en peper: 1 theelepel

INSTRUCTIES:
- Meng alle ingrediënten voor de vinaigrette in een mengkom.
- Zet 2-3 uur opzij.
- Combineer de wrongeltopping met de ingrediënten en breng op smaak.
- Meng de broccoli met de vinaigrette en bestrooi vlak voor het serveren met de wrongeldressing en het sinaasappelgedeelte.

52. Krokante Linzen- en Kruidensalade

Serveert 6 tot 8

1 theelepel keukenzout om te pekelen
½ kopje gedroogde linzen du Puy, geplukt en afgespoeld
⅓ kopje plantaardige olie om te frituren
½ theelepel gemalen komijn
¼ theelepel plus snufje tafelzout, verdeeld
1 kopje gewone Griekse yoghurt
3 eetlepels extra vergine olijfolie, verdeeld
1 theelepel geraspte citroenschil plus 1 theelepel sap
1 teentje knoflook, fijngehakt
½ kopje verse peterselieblaadjes
½ kopje gescheurde verse dille
½ kopje verse korianderblaadjes
¼ kopje gedroogde kersen, gehakt
Granaatappelmelasse

1 Los 1 theelepel zout op in 1 liter water in een kom. Voeg de linzen toe en laat minimaal 1 uur op kamertemperatuur staan. Laat goed uitlekken en dep droog met keukenpapier.

2 Verhit de plantaardige olie in een grote pan op middelhoog vuur tot deze glinstert. Voeg de linzen toe en kook, onder voortdurend roeren, tot ze knapperig en goudbruin zijn, 8 tot 12 minuten (de olie moet overal krachtig borrelen; pas de hitte aan indien nodig). Laat de linzen voorzichtig uitlekken in een fijnmazige zeef die boven de kom is geplaatst en breng de linzen vervolgens over naar een met keukenpapier beklede plaat. Gooi olie weg. Bestrooi met komijn en ¼ theelepel zout en meng om te combineren; opzij zetten.

3 Klop de yoghurt, 2 eetlepels olijfolie, citroenschil en -sap en knoflook samen in een kom en breng op smaak met zout en peper. Verdeel het yoghurtmengsel over de serveerschaal. Meng de peterselie, dille, koriander, het resterende snufje zout en de resterende 1 eetlepel olijfolie in een kom, roer voorzichtig de linzen en kersen erdoor en schik ze op het yoghurtmengsel, met een rand van 2,5 cm. Besprenkel met granaatappelmelasse en serveer.

53. Granaatappel Feta Salade

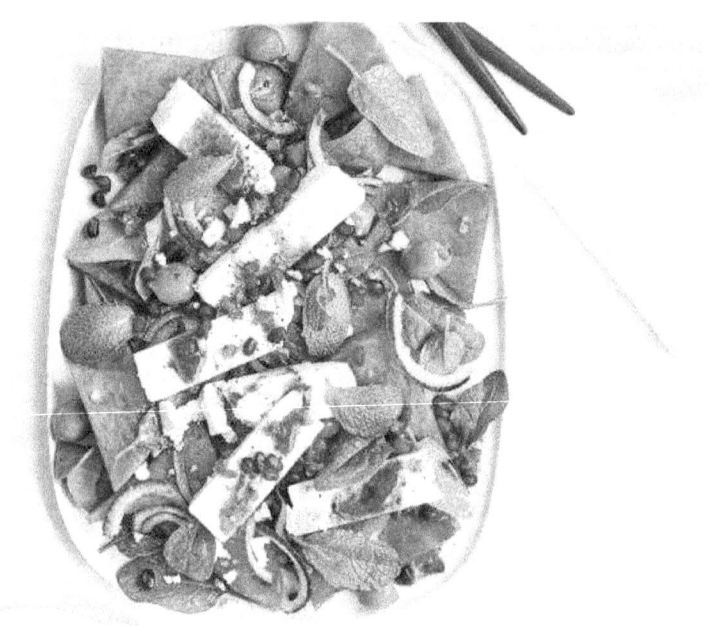

Porties: 4 porties

INGREDIËNTEN
- 1/2 kopje pecannoten
- 1/4 kop kristalsuiker
- 1 (10 ounce) pakket gemengde babygroenten
- 1 granaatappel, geschild en zaden gescheiden
- 1/4 rode ui, dun gesneden
- 1 (8 ounce) pakket verkruimelde fetakaas

DRESSING:
- 1 theelepel Dijon-mosterd
- 3 eetlepels rode wijnazijn
- 3 eetlepels extra vergine olijfolie
- 1 eetlepel witte suiker of honing
- 1 citroen, geraspt en uitgeperst
- zout en peper naar smaak

INSTRUCTIES

a) Om de gekonfijte pecannoten te maken, giet je de suiker in een kleine koekenpan en giet je de pecannoten erover. Kook op middelhoog vuur tot de suiker smelt en een karamelkleur krijgt terwijl je voortdurend roert, zodat de noten en de suiker niet verbranden.

b) Zodra de suiker een karamelkleurige laag krijgt, blijf roeren om de pecannoten ermee te bedekken. Giet de pecannoten op ingevet vetvrij papier of aluminiumfolie om af te koelen.

c) Zodra de pecannoten zijn afgekoeld, breek je ze in stukjes.

d) Doe de sla, granaatappelpitjes, rode ui, fetakaas en stukjes pecannoot in een grote mengkom; opzij zetten.

e) Meng de Dijon-mosterd, azijn, olijfolie, suiker of honing, citroenschil, citroensap (naar smaak), zout en peper in een aparte kom.

f) Giet over de salade en schep om. Serveer onmiddellijk.

SOEP EN STOOFSCHOTEN

54. Bloemkoolsoep met granaatappel

Maakt: 8-10

INGREDIËNTEN
- 3 middelgrote wortels, grof gehakt
- 3 middelgrote stengels bleekselderij, grof gehakt
- 3 uien, grof gesneden
- 3 middelgrote preien, grof gesneden
- 700 g aardappelen, geschild en grof gesneden
- 3 eetlepels olijfolie
- 1 bol knoflook, grof gehakt
- 3 laurierblaadjes
- 2 eetlepels donkere muscovadosuiker
- 1 grote bloemkool, grof gehakt
- 2 blikken kikkererwten van 440 g
- 3-4 liter groentebouillon
- 1 eetlepel harissa
- Een klein bosje peterselie
- Sap van 1 citroen
- Zout en zwarte peper

KRUIDEN:
- 2 eetlepels komijn
- 1 eetlepel gemalen koriander
- 1 eetlepel paprikapoeder
- 1 eetlepel gerookte paprikapoeder
- 1 theelepel chilivlokken
- 1 theelepel gemalen kaneel
- 1 theelepel gemalen nootmuskaat

SERVEREN
- Zaden van 1 granaatappel
- Granaatappelmelasse

- 1 klein bosje verse koriander

INSTRUCTIES:

a) Fruit de wortel, bleekselderij, witte ui, prei en aardappel in de olijfolie tot ze een beetje kleur krijgen. Voeg de knoflook, laurier, kruiden en suiker toe en zweet tot de kruiden hun aroma vrijgeven.

b) Verwijder de bladeren en de harde steel van de bloemkool en gooi deze weg. Snijd vervolgens de eetbare delen grof en voeg ze toe aan de soepbasis. Voeg de kikkererwten, groentebouillon en eventueel harissapasta toe en kook tot alle groenten gaar zijn: ongeveer 20 minuten.

c) Voeg de peterselie en het citroensap toe en pureer de soep met een staafmixer of keukenmachine tot deze rijk en glad is. Het kan zijn dat je wat meer bouillon moet toevoegen als het te dik is. Proef en breng op smaak met zout en peper.

d) Schep het gerecht in een kom en versier het met wat granaatappelpitjes, een paar druppels granaatappelmelasse en geplukte korianderblaadjes.

55. Stoofpot van kip, walnoot en granaatappel

Merken: 6–8

INGREDIËNTEN
- Plantaardige olie
- 2 grote uien, in blokjes gesneden
- 1 eetlepel gewone bloem
- 600 g walnoten, fijngemalen
- 8 kippendijen, met been, vel verwijderd
- Zout en zwarte peper
- 1,2 liter water
- 3 eetlepels kristalsuiker
- 450 ml granaatappelmelasse
- Zaden van 1 granaatappel, om te serveren

INSTRUCTIES:

a) Verwarm twee grote steelpannen op middelhoog vuur. Giet 3 eetlepels plantaardige olie in de eerste en bak de uien tot ze doorschijnend en lichtbruin zijn. Rooster in de tweede pan de gewone bloem tot deze bleek en beige wordt. Voeg de gemalen walnoten toe en kook het mengsel.

b) Zodra de uien bruin zijn, bestrooit u de kippendijen aan beide kanten met zout en peper en voegt u ze toe aan de uien. Verhoog de temperatuur en roer goed, zodat je de dijen aan beide kanten goed afsluit. Eenmaal zachtjes bruin, zet het vuur uit en zet opzij.

c) Voeg het water toe aan de walnotenpan, roer goed en breng het mengsel langzaam aan de kook, dek af met een deksel en laat 1 uur op laag tot middelhoog vuur koken. Hierdoor worden de walnoten gaar en zacht; het mengsel is gaar als je de natuurlijke oliën van de walnoten naar de oppervlakte ziet komen.

d) Voeg de suiker en granaatappelmelasse toe aan de walnoten en roer goed gedurende ongeveer 1 minuut, of totdat de melasse volledig is opgelost.

e) Zodra dit is gebeurd, voeg je de kip en de uien toe aan het walnoten-granaatappelmengsel, dek af en kook ongeveer 2 uur, waarbij je elke 30 minuten grondig roert om ervoor te zorgen dat je de walnoten van de bodem van de pan haalt, zodat ze niet verbranden. . Eenmaal gekookt, heb je een rijk, donker, bijna chocoladeachtig ogend mengsel.

f) Serveer bestrooid met granaatappelpitjes en geniet ervan met een flinke berg basmatirijst.

56. Perzische granaatappelsoep

Maakt: 6-8

INGREDIËNTEN

- ¼ kopje olijfolie, plus extra voor de topping
- 1 gele ui, in blokjes gesneden
- 3 teentjes knoflook, fijngehakt
- ¾ kopje gele spliterwten
- ½ kopje linzen
- ½ kopje mungbonen
- ½ kopje geparelde gerst
- 1 grote biet, in kleine blokjes gesneden
- 2 theelepels gemalen komijn
- 1 theelepel gemalen kurkuma
- 12 kopjes groentebouillon of water
- 2 eetlepels gedroogde munt
- ½ kopje granaatappelmelasse
- 1 bosje gehakte koriander
- 1 kopje labneh of dikke yoghurt
- Zaden van 1 granaatappel
- Zout en peper

INSTRUCTIES:

a) Verhit de olie in een grote soeppan op middelhoog vuur en kook de ui ongeveer 10 minuten tot hij bruin begint te worden, vaak roerend.

b) Voeg de knoflook, bonen, gerst, bieten, kruiden en 2 theelepels zout toe. Roer goed door met de gekookte uien, voeg dan de bouillon of het water toe en breng aan de kook.

c) Zet het vuur laag en laat afgedekt 1,5 uur sudderen, tot de bonen en gerst gaar zijn.

d) Roer, terwijl de soep nog steeds kookt, de gedroogde munt en granaatappelmelasse erdoor en breng op smaak met zout en peper.

e) Serveer warm met een scheutje olijfolie en een klodder yoghurt, en een royale hoeveelheid koriander- en granaatappelpitjes.

57. Granaatappelsoep met kruidnagel

Maakt: 4

INGREDIËNTEN
- 1 citroen
- 2 granaatappels
- 4 eetlepels Granaatappelsiroop
- 4 kruidnagels
- 2 eetlepels honing
- 250 milliliter appelsap
- 1 Meloen
- 2 Papaja

INSTRUCTIES:
a) Spoel de citroen af met heet water, rasp de schil en pers het sap uit.

b) Granaatappels halveren en ontpitten, al het sap opvangen. Combineer het sap met granaatappelsiroop, kruidnagel, honing en appelsap in een pan en breng aan de kook. Haal van het vuur, voeg citroensap en schil toe en laat afkoelen. Kruidnagels verwijderen.

c) Meloen en papaja halveren, zaden en vezels verwijderen, schillen, grof hakken en aan de soep toevoegen. Pureer de soep in een blender. Voeg water toe om een romige consistentie te bereiken. Zet minimaal 1 uur in de koelkast.

d) Giet de soep in 4 kommen en garneer met granaatappelpitjes. Dienen.

58. Lamsvlees gekookt in granaatappel

Maakt: 4

INGREDIËNTEN

- 500 g in blokjes gesneden lamsbout
- 1 eetlepel moutazijn
- extra vergine koolzaadolie
- 2 theelepel gember, fijn geraspt
- 2 theelepel knoflook, fijn geraspt
- 3 rode uien, fijngesneden
- 2 pruimtomaten, in blokjes gesneden
- 4 groene pepers, fijngehakt
- 1 eetlepel granaatappelmelasse
- 200 gram basmatirijst
- 2 theelepel boter
- een handvol koriander, gehakt om te serveren

KRUIDENMIX

- 1 theelepel kurkuma
- Stukje kaneelstokje van 5 cm
- 2-steranijs
- 1 theelepel korianderzaad
- 1 theelepel komijnzaad
- 2 theelepels gedroogde kokosnoot

BIETEN EN GRANAATAPPEL RAITA

- 100 g natuurlijke yoghurt
- ¼ kleine rode biet, geschild en geraspt
- ½ granaatappelpitjes, plus extra om te serveren

INSTRUCTIES:

a) Doe het in blokjes gesneden lamsvlees met de moutazijn in een kom en zet opzij. Doe alle kruiden voor de kruidenmix in een kruidenmolen en maal tot een fijn poeder.

b) Verhit 2 eetlepels koolzaadolie in een grote pan en bak de gember en knoflook lichtbruin. Voeg de uien toe en kook al roerend tot ze donkerbruin zijn. Zet het vuur een beetje lager als ze beginnen te pakken. Voeg de tomaten en groene pepers toe, meng goed en kook nog 4-5 minuten. Voeg de kruidenmix toe en bak nog een paar minuten.

c) Voeg de granaatappelmelasse toe en laat op laag vuur sudderen.

d) Verhit een koekenpan met antiaanbaklaag en voeg het lamsvlees toe. Bak het vlees aan alle kanten bruin, doe het vlees in de uienpan en meng goed. Voeg 600 ml water uit de ketel toe en roer. Laat het weer aan de kook komen, dek de pan af met een deksel en kook op middelhoog vuur gedurende 1 uur of tot het gaar is, af en toe roerend.

e) Week ondertussen de basmatirijst gedurende 30 minuten in koud water en laat goed uitlekken. Doe de boter samen met de rijst in een pan en bak een paar minuten. Voeg 300 ml kokend water toe, meng goed en dek af met een deksel. Haal de pan na ongeveer 5-7 minuten, wanneer al het water is opgenomen, van het vuur. Dek de pan af met een schone theedoek en doe de deksel er weer op. Rust 5 minuten voordat u het serveert.

f) Meng alle raita-ingrediënten met ½ theelepel zout en serveer met een paar granaatappelpitjes.

g) Serveer de lamscurry met de rijst, raita, een beetje gehakte koriander en nog meer granaatappelpitjes.

59. Perzische granaatappelsoep

Maakt: 6-8

INGREDIËNTEN:
- ¼ kopje olijfolie, plus extra voor de topping
- 1 gele ui, in blokjes gesneden
- 3 teentjes knoflook, fijngehakt
- ¾ kopje gele spliterwten
- ½ kopje linzen
- ½ kopje mungbonen
- ½ kopje geparelde gerst
- 1 grote biet, in kleine blokjes gesneden
- 2 theelepels gemalen komijn
- 1 theelepel gemalen kurkuma
- 12 kopjes groentebouillon of water
- 2 eetlepels gedroogde munt
- ½ kopje granaatappelmelasse
- 1 bosje gehakte koriander
- 1 kopje labneh of dikke yoghurt
- Zaden van 1 granaatappel
- Zout en peper

INSTRUCTIES:
f) Verhit de olie in een grote soeppan op middelhoog vuur en kook de ui ongeveer 10 minuten tot hij bruin begint te worden, vaak roerend.
g) Voeg de knoflook, bonen, gerst, bieten, kruiden en 2 theelepels zout toe. Roer goed door met de gekookte uien, voeg dan de bouillon of het water toe en breng aan de kook.
h) Zet het vuur laag en laat afgedekt 1,5 uur sudderen, tot de bonen en gerst gaar zijn.
i) Roer, terwijl de soep nog steeds kookt, de gedroogde munt en granaatappelmelasse erdoor en breng op smaak met zout en peper.
j) Serveer warm met een scheutje olijfolie en een klodder yoghurt, en een royale hoeveelheid koriander- en granaatappelpitjes.

60. Verbrande Aubergine & Mograbieh Soep

Maakt: 4

INGREDIËNTEN
- 5 kleine aubergines (ongeveer 1,2 kg in totaal)
- zonnebloemolie, om te frituren
- 1 ui, in plakjes gesneden (ongeveer 1 kop / 125 g in totaal)
- 1 el komijnzaad, vers gemalen
- 1½ theelepel tomatenpuree
- 2 grote tomaten (12 oz / 350 g in totaal), ontveld en in blokjes gesneden
- 1½ kopjes / 350 ml kippen- of groentebouillon
- 1⅔ kopjes / 400 ml water
- 4 teentjes knoflook, geperst
- 2½ theelepel suiker
- 2 el vers geperst citroensap
- ⅓ kopje / 100 g mograbieh, of alternatief, zoals maftoul, fregola of reuzencouscous (ziesectie over Couscous)
- 2 eetlepels geraspte basilicum, of 1 eetlepel gehakte dille, optioneel
- zout en versgemalen zwarte peper

INSTRUCTIES

a) Begin met het verbranden van drie aubergines. Volg hiervoor de instructies voorGebrande aubergine met knoflook, citroen en granaatappelpitjes.

b) Snijd de resterende aubergines in dobbelstenen van ⅔ inch / 1,5 cm. Verhit ongeveer ⅔ kopje / 150 ml olie in een grote pan op middelhoog vuur. Als het warm is, voeg je de aubergineblokjes toe. Bak gedurende 10 tot 15 minuten, vaak roerend, tot het geheel gekleurd is; Voeg eventueel nog wat olie toe, zodat er altijd wat olie in de pan zit. Haal de aubergine eruit, doe hem in een vergiet, laat uitlekken en bestrooi met zout.

c) Zorg ervoor dat er nog ongeveer 1 eetlepel olie in de pan zit, voeg dan de ui en de komijn toe en bak ongeveer 7 minuten, terwijl je regelmatig roert. Voeg de tomatenpuree toe en kook nog een minuut voordat je de tomaten, bouillon, water, knoflook, suiker, citroensap, 1½ theelepel zout en wat zwarte peper toevoegt. Laat 15 minuten zachtjes sudderen.

d) Breng ondertussen een kleine pan met gezouten water aan de kook en voeg de mograbieh of een alternatief toe. Kook tot al dente; dit varieert afhankelijk van het merk, maar duurt 15 tot 18 minuten (controleer de verpakking). Giet af en verfris onder koud water.

e) Doe het verbrande auberginevlees bij de soep en maal het met een staafmixer tot een gladde vloeistof. Voeg de mograbieh en de gebakken aubergine toe, bewaar wat voor de garnering op het einde, en laat nog 2 minuten sudderen. Proef en pas de smaak aan. Serveer warm, met de gereserveerde mograbieh en gebakken aubergine er bovenop en gegarneerd met basilicum of dille, als je wilt.

61. Bloemkoolcurry uit de slowcooker

Maakt: 6

INGREDIËNTEN
a) 1 pond krieltjes, gehalveerd als ze groot zijn
b) 1 bloemkool met grote kop, in roosjes gesneden
c) 2 blikjes kokosmelk van 14 oz
d) ¼ kopje Thaise rode currypasta
e) 2 eetlepels natriumarme sojasaus
f) 2 kopjes natriumarme groentebouillon
g) ½ theelepel komijnzaad
h) 1 eetlepel granaatappelmelasse
i) 2 kopjes verse spinazie
j) 1 kaneelstokje
k) Kosjer zout en peper
l) Verse naan, om te serveren
m) Arils van 1 granaatappel om te serveren
n) Gestoomde rijst, koriander en limoenen, om te serveren

INSTRUCTIES:
a) Meng in een slowcooker de kokosmelk, currypasta, sojasaus, bouillon en melasse.
b) Voeg de aardappelen, bloemkool, komijn en kaneel toe en breng op smaak met zout en peper.
c) Kook minimaal 5 tot 6 uur op laag vuur of 3 tot 4 uur op hoog vuur.
d) Roer de spinazie erdoor, dek af en kook gedurende 5 minuten of tot ze zacht is.
e) Serveer de curry in kommen, belegd met granaatappelpitjes, limoen en koriander. Het lekkerst met verse naan.

62. Sterfruit in mango-sinaasappelsaus

Maakt: 2-3

INGREDIËNTEN
- Sterfruit: 1 rijp (vers, bijgesneden, zaden verwijderd en in plakjes gesneden)
- Sinaasappelsap: 1 kopje
- Mango: 1 rijp, vers
- Bruine suiker: ¼ kopje
- Kokosmelk: 1 kopje
- Granaatappelpitjes/kersen: een handvol, vers

INSTRUCTIES:
a) Plaats de plakjes sterfruit in een pot op het vuur.
b) Voeg het sinaasappelsap toe aan het mengsel. Zet het vuur hoog en roer voortdurend totdat het sap begint te koken.
c) Zet het vuur laag en laat het sap 10 minuten koken.
d) Pureer de mango in een blender. Meng tot het mengsel glad en gepureerd is.
e) Als de stervrucht bijna d1 is, voeg dan de suiker/zoetstof toe en meng om op te lossen.
f) Haal de pot van het vuur.
g) Roer de mangopuree erdoor tot deze volledig is opgenomen. Pas de suiker naar eigen smaak aan.
h) Leg per schaal 3-sterren fruitschijfjes met voldoende saus om het fruit volledig te bedekken.
i) Druppel er wat kokosmelk overheen.

SPECERIJEN

63. Hummus met pompoen en granaatappel

Maakt: 4 porties

INGREDIËNTEN
- 1 kopje gekookte kikkererwten
- 1 kop Pompoen, gekookt en gepureerd, of pompoen uit blik
- 2 eetlepels Tahini, orig gevraagd voor 1/3 kopje
- ¼ kopje verse peterselie, fijngehakt
- 3 teentjes knoflook, fijngehakt
- 2 Granaatappels

a) Pitabroodje, gespleten en opgewarmd, of andere crackers, brood, groenten
b) Pureer de kikkererwten, pompoen, tahini, peterselie en knoflook tot een gladde massa.
c) Breng over naar een serveerschaal.
d) Open de granaatappels en scheid de zaden van het binnenste membraan. Strooi de zaden over de hummus, serveer gekoeld of op kamertemperatuur met de pita's of andere "dippers".

64. Hummus met lamsgehakt

Porties: 8

Ingrediënten
- 10 ons hummus (1 gezond vet)
- 12 ons lamsvlees, gemalen (2 mager)
- ½ kopje granaatappelpitjes (1/2 gezond vet)
- ¼ kopje peterselie, gehakt (1/4 groen)
- ⸮1 eetlepel olijfolie (1/8 kruiden)

Routebeschrijving
a) Verhit de olie in een pan op middelhoog vuur, voeg het vlees toe en laat 15 minuten bruin bakken, vaak roerend.
b) Verdeel de hummus op een schaal, verdeel het lamsgehakt erover, verdeel ook de granaatappelpitjes en de peterselie en serveer met pitabroodjes als tussendoortje.

65. Mohammedara

Voor 6 tot 8 personen (voor ongeveer 1½ kopje) | Actieve tijd 15 minuten
Totale tijd 15 minuten
1 kopje geroosterde rode paprika, gehakt
½ kopje walnoten, geroosterd
⅓ kopje crackerkruimels
3 lente-uitjes, gehakt
¼ kopje extra vergine olijfolie
1½ eetlepel granaatappelmelasse
4 theelepels citroensap
1½ theelepel paprikapoeder
1 theelepel gemalen komijn
½ theelepel keukenzout
⅛ theelepel cayennepeper

Verwerk alle ingrediënten in de keukenmachine tot er een uniforme grove puree ontstaat, ongeveer 15 seconden, en schraap halverwege de verwerking langs de zijkanten van de kom. Doe over in een kom en serveer.

66. Granaatappelmelasse

INGREDIËNTEN
4 kopjes granaatappelsap
1/2 kopje suiker
1/4 kopje citroensap
INSTRUCTIES

Doe alle ingrediënten in een pan en breng op middelhoog vuur aan de kook.

Zet het vuur lager en laat sudderen tot het mengsel dik en stroperig is, af en toe roeren (ongeveer 1 uur).

Haal van het vuur en laat volledig afkoelen voordat je het gebruikt.

67. Granaatappelsalsa

INGREDIËNTEN

1 granaatappel, zonder zaadjes
2 rijpe avocado's, in blokjes gesneden
1 kleine rode ui, in blokjes gesneden
1 jalapeñopeper, zonder zaadjes en fijngehakt
2 eetlepels gehakte verse koriander
2 eetlepels limoensap
Zout naar smaak

INSTRUCTIES

Meng alle ingrediënten in een grote kom en roer voorzichtig.

Serveer onmiddellijk of laat afkoelen tot gebruik.

68. Granaatappel BBQ-saus

INGREDIËNTEN

2 kopjes ketchup
1/2 kop granaatappelmelasse
1/4 kopje appelciderazijn
1/4 kopje honing
1 eetlepel Worcestershiresaus
1 theelepel knoflookpoeder
1/2 theelepel uienpoeder
Zout en peper naar smaak

INSTRUCTIES

Meng alle ingrediënten in een middelgrote pan en klop tot een gladde massa.

Breng op middelhoog vuur aan de kook, af en toe roerend, en kook tot het ingedikt is (ongeveer 20-25 minuten).

Haal van het vuur en laat afkoelen voordat je het gebruikt.

69. Granaatappel Glazuur

INGREDIËNTEN

1 kopje granaatappelsap
1/2 kopje honing
1/4 kopje balsamicoazijn
1/4 kop sojasaus
2 teentjes knoflook, fijngehakt
1 theelepel geraspte verse gember
Zout en peper naar smaak

INSTRUCTIES

Meng alle ingrediënten in een kleine pan en klop tot alles goed gemengd is.

Breng op middelhoog vuur aan de kook, af en toe roerend, en kook tot het ingedikt is (ongeveer 15-20 minuten).

Haal van het vuur en laat afkoelen voordat je het gebruikt.

70. Granaatappel Mosterd

INGREDIËNTEN

1/2 kopje gele mosterdzaadjes
1/2 kopje granaatappelsap
1/4 kopje appelciderazijn
2 eetlepels honing
1/2 theelepel zout

INSTRUCTIES

Meng mosterdzaad en granaatappelsap in een kom. Dek af en zet een nacht in de koelkast.

Meng in een blender of keukenmachine de geweekte mosterdzaadjes, appelciderazijn, honing en zout. Mixen tot een gladde substantie.

Doe over in een pot en zet in de koelkast tot gebruik.

71. Granaatappelvinaigrette

INGREDIËNTEN

1/4 kopje granaatappelmelasse
1/4 kopje rode wijnazijn
2 eetlepels Dijonmosterd
1 teentje knoflook, fijngehakt
1/2 theelepel zout
1/4 theelepel zwarte peper
1/2 kopje olijfolie

INSTRUCTIES

Meng in een kleine kom de granaatappelmelasse, rode wijnazijn, Dijon-mosterd, knoflook, zout en peper.

Giet langzaam de olijfolie erbij en blijf voortdurend kloppen, tot de dressing geëmulgeerd is.

Doe over in een pot en zet in de koelkast tot gebruik.

72. Granaatappeljam

INGREDIËNTEN

4 kopjes granaatappelpitjes
1 kopje suiker
1/4 kopje citroensap

INSTRUCTIES
Meng de granaatappelpitjes, de suiker en het citroensap in een pan.

Breng op middelhoog vuur aan de kook, af en toe roerend, en kook tot het mengsel dik en jamachtig is (ongeveer 30-35 minuten).

Haal van het vuur en laat afkoelen voordat je het gebruikt.

73. Granaatappel Saffraan Aioli

INGREDIËNTEN

1 eierdooier
1 eetlepel Dijon-mosterd
1 teentje knoflook, fijngehakt
1/2 theelepel zout
1/4 theelepel zwarte peper
1/2 kopje olijfolie
1/4 kop granaatappelsap
1/4 theelepel saffraandraadjes

INSTRUCTIES

Klop in een kleine kom de eierdooier, Dijon-mosterd, knoflook, zout en peper samen.

Voeg langzaam de olijfolie toe en blijf voortdurend kloppen, tot het mengsel dik en geëmulgeerd is.

Klop in een aparte kom het granaatappelsap en de saffraandraden door elkaar tot de saffraan is opgelost.

Spatel het saffraanmengsel door de aioli en zet in de koelkast tot gebruik.

74. Granaatappel Tzatziki

INGREDIËNTEN

1 kopje gewone Griekse yoghurt
1/2 kop geraspte komkommer
1 teentje knoflook, fijngehakt
2 eetlepels gehakte verse dille
2 eetlepels granaatappelpitjes
Zout en peper naar smaak

INSTRUCTIES

Meng in een kom de Griekse yoghurt, geraspte komkommer, knoflook, dille en granaatappelpitjes.

Breng op smaak met zout en peper.

Zet het minimaal 1 uur in de koelkast voordat u het serveert.

75. **Granaatappelchutney**

INGREDIËNTEN

2 kopjes granaatappelpitjes
1/2 kop gehakte gedroogde abrikozen
1/2 kop gehakte dadels
1/2 kop gehakte walnoten
1/2 kopje suiker
1/2 kopje appelciderazijn
1 theelepel geraspte verse gember
1/2 theelepel gemalen kaneel
1/4 theelepel gemalen kruidnagel
1/4 theelepel cayennepeper

INSTRUCTIES

Meng alle ingrediënten in een pan en breng op middelhoog vuur aan de kook.
Zet het vuur lager en laat sudderen tot het mengsel dik en jamachtig is (ongeveer 45-50 minuten).
Haal van het vuur en laat afkoelen voordat je het gebruikt.

NAGERECHT

76. Granaatappelpuree met pistachebiscotti

Maakt: 4-6

INGREDIËNTEN
VOOR DE POSSET
- 180 ml granaatappelsap
- 600 ml slagroom
- 135 g kristalsuiker
- Schil van ½ citroen

VOOR DE BISCOTTI
- 250 g gewone bloem
- 1 eetlepel bakpoeder
- 250 g kristalsuiker
- 110 g pistachenoten
- Schil van ½ citroen
- 2 eieren
- 1 eierdooier

SERVEREN
- 50 g granaatappelpitjes
- Schil van 1 citroen

INSTRUCTIES:

a) Om de posset te maken, doe je alle ingrediënten in een middelgrote pan. Breng al roerend met een garde aan de kook, zet het vuur iets lager en laat 4 minuten koken.

b) Giet het mengsel door een fijne zeef, schep het af met een lepel of pollepel om ervoor te zorgen dat uw possets een gladde, schone afwerking hebben en giet het vervolgens in de serveerglazen van uw keuze.

c) Meng voor de biscotti de bloem, bakpoeder, suiker, pistachenoten en citroenschil. Klop in een andere kom de eieren en het eigeel samen.

d) Voeg het ei geleidelijk aan de droge ingrediënten toe en meng voortdurend totdat het deeg samenkomt. Rol het uit tot een ovaal van 3 cm diep en zet het een uur in de koelkast. Verwarm ondertussen de oven voor op 180C/350F/gasstand 4.

e) Haal het uit de koelkast en plaats het op een bakplaat bekleed met bakpapier. Zet 20 minuten in de oven en laat vervolgens afkoelen.

f) Eenmaal afgekoeld, snijd je het in plakjes van 1 cm dik, schuin. Leg de plakjes terug op de bakplaat, zet de oven op 140 graden Celsius/gasstand 1 en bak ze 6-10 minuten, totdat de plakjes in het midden stevig zijn geworden. Verwijder en plaats op een koelrek.

g) Om te serveren leg je de verse granaatappelpitjes op de posset, met de geraspte citroenschil en de biscotti ernaast.

77. Rozenmeringue met granaatappelpitjes

Maakt: 6-8

INGREDIËNTEN
- 6 eiwitten
- 300 g kristalsuiker
- 1 eetlepel maïsmeel
- 1 theelepel rozenwater
- Zaden van 1 granaatappel
- Poedersuiker

INSTRUCTIES:
a) Verwarm de oven voor op 250F.
b) Voeg de eiwitten toe aan de kom en klop op gemiddelde snelheid tot het net dikker is. Voeg een derde van de suiker toe en klop op hogere snelheid.
c) Voeg nog een derde van de suiker toe en klop tot de suiker is opgelost.
d) Voeg de resterende suiker toe en klop op de hoogste snelheid tot het schuim glanst en stijve pieken vormt. Pas op dat je niet te lang klopt, anders zakt de meringue in.
e) Roer met een houten lepel de maizena en het rozenwater naar smaak erdoor.
f) Bekleed een bakplaat met bakpapier en schik er klodders meringue op zoals jij dat wilt.
g) Bak ongeveer 2 uur.
h) Haal de meringue uit de oven en zet hem opzij om af te koelen.
i) Bestrooi voor het serveren met granaatappelpitjes en een scheutje poedersuiker, naar smaak.

78. Griekse yoghurt met granaatappel en kaneel

Maakt: 2

INGREDIËNTEN

- 25 g pecannoten, grof gehakt
- 300 gram Griekse yoghurt
- 4 theelepel honing
- Zaden van ¼ granaatappel
- Een snufje gemalen kaneel

INSTRUCTIES:

a) Rooster de pecannoten in een kleine, droge koekenpan licht genoeg, net genoeg om hun smaak naar voren te brengen en ze knapperig te maken. Zet opzij om af te koelen.

b) Schep de yoghurt in twee kommen, gooi er een handjevol noten overheen, besprenkel met honing en maak af met wat granaatappelpitjes en kaneel. Serveer onmiddellijk.

79. Dadel- en pecannotenbrood met granaatappelmelasse

Voor: 10-12 plakjes

INGREDIËNTEN

- 185 g ontpitte dadels, grof gehakt
- 50 ml volle melk
- 100 ml granaatappelmelasse, plus extra om te besprenkelen
- 125 g zachte lichtbruine suiker
- 125 g ongezouten boter, koud, in blokjes, plus extra voor het blik
- 250 g zelfrijzend bakmeel
- ½ theelepel zuiveringszout
- ¼ theelepel gemengde kruiden
- een flinke snuf gemalen gember
- 2 middelgrote eieren, losgeklopt
- 75 g pecannoten, grof gehakt
- ijs om te serveren

INSTRUCTIES:

a) Doe de dadels in een kom, giet de melk en 150 ml kokend water erover en laat een uur staan.

b) Doe de melasse en de suiker in een pan en verwarm op een heel laag vuur tot de suiker is opgelost.

c) Verwarm de oven tot 180°C en beboter de oven. Bekleed de bodem en de uiteinden van een cakevorm van 900 g met bakpapier.

d) Wrijf de koude boter met je vingers door de bloem of maal het in een keukenmachine tot het op klein broodkruim lijkt. Roer de bicarb en kruiden erdoor.

e) Roer de eieren met de geweekte dadels en het vocht door de melassesiroop en roer vervolgens samen met de droge ingrediënten.

f) Roer ⅔ van de pecannoten erdoor. Giet het mengsel in de vorm en strooi de overige noten erover.

g) Bak gedurende 45-55 minuten of totdat alleen vochtige kruimels aan een spies blijven plakken die in het midden wordt gestoken. Dek af met folie als het wat donker wordt.

h) Laat afkoelen en serveer met ijs en een scheutje granaatappelmelasse.

80. Granaatappel-sinaasappelmuffins

Voor: 12 muffins

INGREDIËNTEN
- 8 eetlepels ongezouten boter
- 2 ½ kopjes bloem voor alle doeleinden
- 1 ½ theelepel bakpoeder
- ½ theelepel zuiveringszout
- ¼ theelepel zout
- ½ kopje kristalsuiker
- ¼ kopje bruine suiker
- ¼ theelepel zout
- 2 eieren, lichtgeklopt
- 1 kopje karnemelk
- 1 eetlepel sinaasappelschil
- 1 theelepel vanille
- 2 kopjes granaatappelpitjes

INSTRUCTIES

a) Verwarm de oven voor op 400 graden F en vet de muffinvormpjes in met boter.

b) Zeef de bloem, bakpoeder, zuiveringszout, suiker en zout in een grote kom. Opzij zetten.

c) Smelt de boter in een middelgrote pan op middelhoog vuur. Roer af en toe om ervoor te zorgen dat de boter gelijkmatig kookt. Terwijl de boter smelt, begint deze te schuimen en wordt de kleur donkerder. Schraap voortdurend de bodem van de pan om eventuele bruine vlekken los te maken. Zodra je het nootachtige aroma begint te ruiken, haal je de gebruinde boter van het vuur en laat je hem afkoelen. Zorg ervoor dat u niet verbrandt.

d) Klop in een aparte kom de eieren, karnemelk, sinaasappelschil, vanille en meestal afgekoelde, gebruinde boter samen. Maak een kuiltje in de droge ingrediënten en giet de vloeibare ingrediënten erin. Vouw samen en meng niet te veel. Vouw de granaatappelpitjes erdoor.

e) Schep het beslag in ingevette muffinvormpjes en bak in de voorverwarmde oven tot ze goudbruin zijn, ongeveer 20-30 minuten.

f) Test door een caketester in het midden van de muffin te plaatsen en zorg ervoor dat het beslag volledig gaar is. Wanneer u klaar bent met koken, haalt u de muffins onmiddellijk uit de muffinvormpjes en laat u ze afkoelen op een koelrek.

81. Granaatappel Gembersorbet

Maakt: 1 kwart

INGREDIËNTEN
- 1 kopje kristalsuiker
- ½ kopje water
- 1 eetlepel grof gehakte verse gember
- 2 kopjes 100% granaatappelsap
- ¼ kopje St. Germain likeur optioneel

GARNERING:
- verse granaatappelpitjes optioneel

INSTRUCTIES

a) Meng de suiker, het water en de gember in een kleine pan. Breng aan de kook, zet het vuur lager en laat sudderen, af en toe kloppend tot de suiker volledig is opgelost. Doe het in een bakje, dek af en laat volledig afkoelen in de koelkast. Dit duurt minimaal 20 tot 30 minuten, of langer.

b) Zodra de eenvoudige siroop is afgekoeld, zeef je de siroop door een fijnmazige zeef die boven een grote mengkom is geplaatst. Gooi de stukjes gember weg. Voeg het granaatappelsap en de St. Germain likeur toe aan de kom met de siroop. Goed door elkaar kloppen.

c) Draai het mengsel in een ijsmachine volgens de instructies van de fabrikant. De sorbet is klaar als deze lijkt op de textuur van een dikke slushy.

d) Breng de sorbet over naar een luchtdichte verpakking, bedek het oppervlak met plasticfolie en vries nog eens 4 tot 6 uur in, of idealiter een hele nacht. Serveer en garneer met verse granaatappelpitjes.

82. Sinaasappel-granaatappelcheesecake

Voor: 8-10 plakjes

INGREDIËNTEN
- 250 g spijsverteringskoekje
- 100 g boter, gesmolten
- 600 g volvette roomkaas
- rasp 3 sinaasappels - snij de partjes eruit voor de decoratie
- 3 eetlepels melk
- 100 g poedersuiker
- 150 ml dubbele room
- 1 granaatappelpitjes

INSTRUCTIES

a) Vermaal de koekjes grof – doe ze in een plastic voedselzak en vermaal ze met een deegroller, of maal ze in een keukenmachine tot grove kruimels. Doe het mengsel in een kom, meng de gesmolten boter erdoor en doe het in een springvorm van 23 cm doorsnede. Druk het koekjesmengsel met je vingers of de achterkant van een lepel gelijkmatig aan tot de bodem. Laat afkoelen tot het stevig is, ongeveer 30 minuten.

b) Doe de zachte kaas, de schil, de melk en de poedersuiker in een kom en mix met een elektrische mixer tot een gladde massa. Voeg de room toe en klop tot het mengsel de consistentie heeft van dikke vla. Giet de vulling over de koekjesbodem en verdeel gelijkmatig. Zet het terug in de koelkast en laat het minimaal 4 uur of een hele nacht opstijven.

c) Bestrijk voor het serveren de sinaasappelpartjes en strooi de granaatappelpitjes erover.

83. Granaatappelcrèmetaart

Voor: 8 plakjes

INGREDIËNTEN
- 1 gekoelde uitrolbare taartbodem
- 8 ons roomkaas, verzacht
- 1 ½ kopje poedersuiker
- 2 ½ kopjes verse granaatappelpitjes, van 2-3 granaatappels
- 3 eetlepels cranberryjam of kersen
- 2 theelepels maizena

INSTRUCTIES

a) Verwarm de oven voor op 450 graden F. Bebloem een werkoppervlak en rol de taartbodem voorzichtig uit. Plaats vervolgens de taartbodem voorzichtig in een taartvorm van 8 tot 9 inch.

b) Druk de korst in de geschulpte randen van de taartvorm. Druk vervolgens langs de rand van de pan om eventuele extra korst af te snijden.

c) Gebruik een vork om in de bodem van de korst te prikken, zodat deze tijdens het bakken niet gaat borrelen. Zet het daarna in de koelkast om het koud te houden terwijl je wacht tot de oven is voorverwarmd.

d) Zodra de oven heet is, bak je de korst ongeveer 10 minuten, tot hij goudbruin is. Laat volledig afkoelen voordat u het vult.

e) Verwijder intussen de zaadjes van de granaatappels en gooi de schil en vliezen weg.

f) Meet 2 ½ kopjes zaadjes af. Als ze nat zijn, droog ze dan op keukenpapier.

g) Voeg in de kom van een elektrische keukenmixer de roomkaas en de poedersuiker toe. Begin op een lage stand en klop de suiker door de roomkaas. Verhoog de snelheid totdat alle klonten zijn verwijderd.

h) Zodra de korst is afgekoeld tot kamertemperatuur, verdeelt u de crèmevulling over de bodem van de korst. Chill.

i) Doe de jam en het maizena in een magnetronbestendige kom. Meng goed en zet vervolgens 1 minuut in de magnetron om te smelten en meng de ingrediënten. Het zou moeten koken. Als dit niet het geval is, zet de magnetron dan nog eens 30-60 seconden in de magnetron.

j) Roer goed en meng de granaatappelpitjes erdoor. Roer tot het goed bedekt is. Verdeel de granaatappelpitjes over het oppervlak van de taart. Laat het 1 uur afkoelen, of tot het klaar is om te serveren.

84. Granaatappel Appel Schoenmaker

Maakt: 4

INGREDIËNTEN

- 1 kopje POM Wonderful 100% granaatappelsap
- 5 Granny Smith-appels; geschild en in plakjes gesneden
- 1 kopje honing verdeeld
- 1 theelepel kaneel
- 2 eetlepels maizena
- 2 eetlepels magere melk
- 1 kopje volkorenmeel
- 1 theelepel bakpoeder
- ½ kopje haver
- ⅓ kopje boter; gesmolten
- ¼ kopje suikervrije appelmoes
- 1 ei; licht geslagen
- Bevroren vanilleyoghurt en granaatappelpitjes; optioneel voor de topping

INSTRUCTIES

o) Verwarm de oven voor op 375 graden F. Spuit een ovenschaal van 8 x 8 inch lichtjes in met kookspray en zet opzij.

p) Breng het POM Wonderful 100% Granaatappelsap in een kleine pan aan de kook gedurende ongeveer 10-15 minuten totdat het sap is ingedikt. Het zou moeten verminderen tot ongeveer ¾ kopje.

q) Snijd ondertussen de appels in plakjes en doe ze in een grote mengkom. Giet ½ kopje honing, ½ theelepel kaneel en ¼ kopje haver over de appels. Roer met een houten lepel tot de appels bedekt zijn. Giet het ingekookte POM Wonderful 100% Granaatappelsap in de kom en meng het met de appels.

r) Klop in een kleine kom de melk en het maizena tot een geheel. Er mogen minimale klontjes zijn. Giet het mengsel in de appelkom en blijf roeren totdat alle ingrediënten zijn gemengd.

s) Voor de topping: Roer in een kleine kom gesmolten boter, bloem, bakpoeder, ¼ kopje haver, ½ kopje honing en appelmoes tot er een licht deeg ontstaat. Het zal een beetje plakkerig zijn.

t) Schep het deeg op de appels en verdeel het met de lepel. Dit hoeft niet perfect te zijn en je hoeft niet alle appels met deeg te bedekken. Bestrijk de bovenkant van de schoenmaker met een ei.

u) Bak 30-35 minuten tot de schoenmaker goudbruin is. Schep bevroren yoghurt of ijs erop en bestrooi met verse granaatappelpitjes!

85. Granaatappel pannacotta

INGREDIËNTEN
- 1/2 pakje verse room
- 1 eetlepel suiker
- 1 1/2 kopje melk
- 1 theelepel gelatine
- 1 kopje granaatappelsap
- 1 theelepel vanille-essence

INSTRUCTIES:
a) Strooi gelatine over de melk en laat 10 minuten rusten
b) Verwarm de room en voeg suiker en vanille-essence toe
c) Meng het gelatinemengsel en giet het in een glas
d) Zet een nacht in de koelkast
e) Verhit het granaatappelsap, voeg het gelatinemengsel toe en giet het over je panna cotta
f) Zet een nacht in de koelkast
g) Versier met verse granaatappels

86. Pompoentaart Cheesecake Kommen

Maakt: 4

INGREDIËNTEN
- 4 ons roomkaas, verzacht
- 1 kopje gewone Griekse yoghurt, plus meer voor de topping
- 1 kopje pompoenpuree
- ¼ kopje ahornsiroop
- 1 theelepel vanille-extract
- 2 theelepels gemalen kaneel
- 1 theelepel gemalen gember
- ½ theelepel gemalen nootmuskaat
- Fijn zeezout
- 1 kopje muesli
- Geroosterde pompoenpitten
- Gehakte pecannoten
- Granaatappelpitjes
- Cacaobonen

INSTRUCTIES:
- Voeg de roomkaas, yoghurt, pompoenpuree, ahornsiroop, vanille, kruiden en een snufje zout toe aan de kom van een keukenmachine of blender en verwerk tot een gladde en romige massa. Doe het in een kom, dek af en zet het minimaal 4 uur in de koelkast.
- Verdeel de granola over dessertkommen om te serveren. Werk af met het pompoenmengsel, een klodder Griekse yoghurt, pompoenpitten, pecannoten, granaatappelpitjes en cacaonibs.
- Voeg de farro, 1¼ kopje water en een flinke snuf zout toe aan een middelgrote pan. Breng aan de kook, zet het vuur laag, dek af en laat sudderen tot de farro gaar is en lichtjes kauwt, ongeveer 30 minuten.
- Combineer de suiker, de resterende 3 eetlepels water, het vanillestokje en de zaden en de gember in een kleine pan op middelhoog vuur. Breng aan de kook en klop tot de suiker is opgelost. Haal van het vuur en laat 20 minuten trekken. Bereid ondertussen het fruit voor.

● Snijd de uiteinden van de grapefruit af. Zet op een vlak werkoppervlak, met de snijkant naar beneden. Gebruik een scherp mes om de schil en het witte merg weg te snijden, waarbij je de ronding van de vrucht volgt, van boven naar beneden. Snijd tussen de vliezen om de segmenten van het fruit te verwijderen. Herhaal hetzelfde proces om de bloedsinaasappel te schillen en in partjes te snijden.
● Verwijder de gember en het vanillestokje uit de siroop en gooi het weg. Verdeel de farro over kommen om te serveren. Schik het fruit rond de bovenkant van de kom, bestrooi met granaatappelpitjes en besprenkel met gember-vanillesiroop.

87. Granaatappel Sinaasappel Panna Cotta

Maakt: 8

INGREDIËNTEN
- 1/2 kop zware room
- Sap en schil van 1 sinaasappel
- 1 theelepel kristalsuiker
- 1/2 theelepel goed vanille-extract
- 1 1/2 kopjes volle melk
- 1 eetlepel gelatinepoeder
- 1 1/2 kopjes granaatappelsap
- 1 eetlepel gelatinepoeder
- 2 theelepels kristalsuiker
- Zaadjes van 1 granaatappel, ter garnering

INSTRUCTIES

a) Voeg in een pan de room, het sinaasappelsap en de schil toe op middelhoog vuur. Voeg de suiker toe en breng aan de kook. Voeg de vanille toe en roer.

b) Voeg de melk toe aan een kleine kom en strooi de gelatine erover. Laat ongeveer 5 minuten zacht worden. Roer de melk en de gelatine door de room tot deze is opgelost.

c) Verdeel het mengsel over glazen, gekanteld in een leeg eierdoosje of muffinvormpje. Laat het minstens 2 uur in de koelkast staan, een nacht is het beste.

d) Voeg intussen 1 eetlepel gelatine toe aan het granaatappelsap en laat 5 minuten oplossen in een maatbeker. Voeg toe aan een pan met suiker en breng aan de kook. Laat iets afkoelen, giet het terug in de maatbeker en giet het over de opgestookte panna cotta. Zet in de koelkast tot het is ingesteld.

e) Garneer met granaatappelpitjes.

88. Citruscompote met grapefruitgranita

Maakt: 6

INGREDIËNTEN
- 2 kleine grapefruits
- 1 ½ kopje robijnrood grapefruitsap
- 1/3 kopje granaatappelpitjes
- ½ kopje water
- ½ kopje kokossuiker
- 2 kleine navelsinaasappels
- 2 clementines

INSTRUCTIES:
c) Breng in een kleine pan water en ahornsiroop aan de kook en roer.
d) Zet opzij en laat het een paar minuten afkoelen.
e) Voeg het grapefruitsap toe en meng goed. Breng het over naar een vierkante schaal van 8 inch en vries gedurende 1 uur.
f) Roer met een vork en vries nog 2-3 uur in tot het volledig bevroren is. Roer elke 30 minuten.
g) Van elke sinaasappel moet een dun plakje van de boven- en onderkant worden afgesneden. Verwijder met een mes de schil en de buitenste laag van de sinaasappels.
h) Geschilde en gesegmenteerde clementines moeten aan de sinaasappelen en grapefruit worden toegevoegd. Roer de granaatappelpitjes er voorzichtig door.
i) Gebruik voor het serveren een vork om de granita door te roeren. Verdeel het granita- en fruitmengsel afwisselend in zes dessertschaaltjes.

DRANKJES

89. Granaatappel Kombucha

Maakt: 1 gallon

INGREDIËNTEN
- 14 kopjes water, verdeeld
- 4 zwarte theezakjes
- 4 groene theezakjes
- 1 kopje suiker
- 1 SCOBY
- 2 kopjes starterthee
- 1 kopje granaatappelsap, verdeeld
- 2 theelepels vers geperst citroensap, verdeeld
- 4 plakjes verse gember, verdeeld

INSTRUCTIES:

a) Verwarm in een grote pan 4 kopjes water tot 212 ° F op middelhoog vuur en haal de pan dan onmiddellijk van het vuur.

b) Voeg de zwarte en groene theezakjes toe en roer één keer. Dek de pan af en laat de thee 10 minuten trekken.

c) Verwijder de theezakjes. Voeg de suiker toe en roer tot alle suiker is opgelost.

d) Giet de resterende 10 kopjes water in de pan om de thee af te koelen. Controleer de temperatuur om er zeker van te zijn dat deze lager is dan 85°F voordat u verdergaat.

e) Giet de thee in een pot van 1 gallon.

f) Was uw handen en spoel ze grondig af, leg vervolgens de SCOBY op het oppervlak van de thee en voeg de starterthee toe aan de pot.

g) Bedek de opening van de pot met een schone witte doek en zet deze op zijn plaats met een rubberen band. Laat de pot op een warme plaats, rond de 22°C, gedurende 7 dagen staan om te gisten.

h) Proef na 7 dagen de kombucha. Als het te zoet is, laat het dan nog een dag of twee fermenteren. Zodra de kombucha u lekker smaakt, verwijdert u de SCOBY en bewaart u deze voor toekomstig gebruik.

i) Reserveer 2 kopjes kombucha voor je volgende batch voordat je de rest van de kombucha op smaak brengt.

90. Citroengranaatappellikeur

Maakt: 4

INGREDIËNTEN
- 1 kopje granaatappelpitjes
- 750 ml wodka
- 1 citroen, in partjes gesneden

INSTRUCTIES:

a) Combineer alle ingrediënten in een pot.
b) Vijf dagen lang steil, elke dag schuddend,
c) Zeef de ingrediënten voor de infusie.

91. Komkommer Granaatappelreiniger

Maakt: 2 porties

INGREDIËNTEN
- 1 komkommer, gehakt
- 1 limoen, in plakjes gesneden
- ½ kopje granaatappelwater

INSTRUCTIES:
a) Doe de ingrediënten in een kan of glazen pot.
b) 2 uur steil.

92. Pompbessenwater

Maakt: 2 porties

INGREDIËNTEN
- Water
- ½ kopje granaatappel
- ¼ kopje verse frambozen

INSTRUCTIES:

a) Doe je ingrediënten in een kan.

b) Pureer ze met een lepel.

c) Vul de kan met vers water.

d) Roer goed en plaats in uw koelkast.

93. Ombré Granaatappel Elixir

Maakt: 4

INGREDIËNTEN
- 16 ons sinaasappelsap
- 4 ons cranberrysap
- 2 eetlepels gembersap
- 3½ ons verse bosbessen + extra bessen om te garneren
- 8 ons granaatappelsap
- 4 eetlepels suiker, of naar smaak

INSTRUCTIES:
a) Combineer het sinaasappel-, cranberry- en gembersap.
b) Dek af en zet in de koelkast tot het gekoeld is.
c) Pureer in een blender de bosbessen met het granaatappelsap en de suiker.
d) Chill in de koelkast.
e) Giet het mengsel van sinaasappel-cranberry-gembersap in 4 glazen.
f) Werk af met granaatappel-bosbessenpuree.
g) Serveer gegarneerd met verse bosbessen.

94. Granaatappelsangria

Maakt: 4

INGREDIËNTEN
- 16 ons granaatappelsap
- 4 ons cranberrysap
- 7 ons in blokjes gesneden gemengd fruit
- 1 eetlepel superfijne suiker
- sap van 2 citroenen gemalen ijs
- 9 pepermuntblaadjes, om te garneren

INSTRUCTIES:
a) Combineer het granaatappelsap, cranberrysap, in blokjes gesneden fruit, suiker en citroensap.
b) Roer tot het goed gemengd is.
c) Dek af en zet in de koelkast tot het gekoeld is.
d) Serveer op gemalen ijs, gegarneerd met pepermuntblaadjes.

95. Granaatappel-watermeloensap

Maakt: 2 porties

INGREDIËNTEN
- 1 kopje granaatappelpitjes
- ⅓ middelgrote watermeloen
- 12 aardbeien
- 4 takjes munt

INSTRUCTIES:

a) Haal de schil van de watermeloen.

b) Doe alle ingrediënten via uw sapmachine.

96. Zacht zomersap

Maakt: 2 porties

INGREDIËNTEN
- 1 kopje bosbessen
- 1 eetlepel verse muntblaadjes
- ½ kopje granaatappelpitjes
- ¼ middelgrote watermeloen

INSTRUCTIES:

a) Om te beginnen haal je de schil van de watermeloen.

b) Spoel de ingrediënten af en doe ze door een sapcentrifuge. Serveer grondig gekoeld.

97. Druivengranaatappelsap

Maakt: 2 porties

INGREDIËNTEN
- 1 kopje vers granaatappelsap
- 1 limoen, geschild
- 2 kopjes rode druiven
- 4 blaadjes bietengranen

INSTRUCTIES:

a) Maak sap van de ingrediënten en doe ze in de serveerglazen.

98. Caloriearme cactussmoothie

Maakt: 1-2 porties

INGREDIËNTEN

- ½ kopje schoongemaakte en in blokjes gesneden cactuspeddelstukken
- 1 kopje granaatappelsap

INSTRUCTIES:

a) Spoel de cactusstukjes grondig af onder koud stromend water en doe ze samen met het sap en het ijs in een blender.

b) Meng tot het geheel vloeibaar is, 1 à 2 minuten.

99. Granaatappel Boba met limoengelei

Maakt: 1 kopje

INGREDIËNTEN
- 1 groene theezakje
- 250 ml heet water
- 1 limoen, uitgeperst
- 2 eetlepels honing
- Granaatappel
- Limoen gelei
- Ijsblokjes

INSTRUCTIES:
a) Laat het groene theezakje 15 minuten in heet water weken en roer er dan het limoensap en de honing naar smaak door.
b) Laat je theebasis afkoelen.
c) Schep het bereide verse fruit, ijsblokjes en limoengelei in een apart glas.
d) Giet je theebasis over je toppings en geniet ervan!

100. Antioxidant acaibes-smoothie

Ingrediënten
VOORBEREIDEN
- 2 pakjes bevroren acaipuree, ontdooid
- 1 kopje bevroren frambozen
- 1 kopje bevroren bosbessen
- 1 kopje bevroren bramen
- 1 kopje bevroren aardbeien
- ½ kopje granaatappelpitjes

SERVEREN
- 1½ kopje granaatappelsap

Routebeschrijving
a) Combineer de acai, frambozen, bosbessen, bramen, aardbeien en granaatappelpitjes in een grote kom. Verdeel het mengsel over 4 diepvrieszakjes met ritssluiting. Bevries maximaal een maand, totdat u klaar bent om te serveren.

b) Doe de inhoud van één zak in een blender, voeg een royale ⅓ kopje granaatappelsap toe en mix tot een gladde massa. Serveer onmiddellijk.

CONCLUSIE

Granaatappel Maakt: een heerlijk en gezond tussendoortje met zoete, zure smaken en prachtige kleuren. Granaatappels zijn ronde, roodbruine vruchten die ongeveer zo groot zijn als een sinaasappel. Wanneer je de vrucht doormidden breekt, is de binnenkant gevuld met veel kleine zaadjes, omgeven door sappig, pittig vruchtvlees. Deze zaden staan bekend als zaadjes en bevatten granaatappelsap. In tegenstelling tot andere vruchten is het zaad het enige eetbare deel van de granaatappel. Deze unieke vrucht kan op allerlei heerlijke manieren worden gebruikt, en dit kookboek zal je van de beste ideeën voorzien!

www.ingramcontent.com/pod-product-compliance
Lightning Source LLC
Chambersburg PA
CBHW070657120526
44590CB00013BA/1001